カピタン 最後の江戸参府と阿蘭陀宿

歩く、異文化交流の体現者

片桐一男［著］

勉誠出版

はじめに

言葉の通じない国へ、単身、出かけて行かなければならない。短かければ一年、ことによったら数年、そこで仕事をしなければならない。

着任した国では、宗教上、厳しい監視下に置かれる。通訳は先方の指定。

独占的な業務を維持するために、珍しい品々を携《たずさ》え、屈辱的な挨拶の儀式もこなさなければならない。

そのための長途の旅は、諸事、前例・仕来《しき》たりをまもって、行なわなければならない。

そして、後任者に、落ち度なく伝達しなければならない。本社に報告しなければならない。

厳しい状況下の旅である。ただし、そこは、めったに行けない珍しい国。風俗・習慣のまったくちがう土地。身形《みなり》がちがう。食べものもちがう。住まいもちがう。文化がちがう。どんな珍しいものを見ることができるか。どんな珍しい食べもの、飲みものを体験できるか。珍しい土産《みやげ》を手に入れて帰れるだろうか。

重い義務と責任。否応《いやおう》無く体験させられる異文化との接触・交流。不安と期待。「公」と「私」との「絡み」と「区別」を深く考えさせられる。

これはいったい、いつの、どこの、誰のことをいっているのであろうか。

日本とオランダとの関係はヨーロッパのなかで最も古くて長い。出会いは一六〇〇年。貿易関係の成立は一六〇九年。

そのオランダが、ヨーロッパ人として対日貿易を独占していたのは、長崎の出島で、一六四一年から一八五八年までの二一八年という長い年月。

キリスト教の布教は厳禁。日本人との馴れ合いになって密貿易をしてはいけない。だから居留場所は狭小な出島に限定。カピタンは一年交替。商館員も数年で交替せよ、と。

江戸幕府は対日貿易の独占を許すかわりに、「御礼」の義務を課し、守るべき「条件」をつけた。

そこで、カピタンは、その年の貿易業務を終えると、翌年の繁忙な業務までの閑暇を利用して、長崎の出島を発《た》って、江戸まで、徒歩と駕籠と帆船によって、禁教下の日本を旅した。江戸城に上って、将軍に拝謁、献上物を呈して、貿易の継続を謝した。これを「オランダ商館長＝カピタンの江戸参府」と呼び、「御礼参り」とか「拝礼」とも呼んでいる。これが「御礼」義務に当たる。

暫く、二十日前後、指定の阿蘭陀宿、日本橋の長崎屋に逗留。やがて許可があると「暇乞い」のために再び登城する。このときは、将軍の出坐はない。老中列坐の席で「暇乞い」の挨拶をする。将軍と世子からの返礼として「被下物《くだされもの》」が渡され、「御条目」が読み聞かされる。「被下物」の下賜と「御条目」の読み聞かせが御礼に対する返礼である。カピタンがこれを請け、式は終わる。「御条目」の各条を厳守することによって貿易の独占的継続が保証された。したがって、これがおらんだによって守られるべき「条件」に当たる。

西暦二〇〇〇年には、日本とオランダの交流四百周年を記念して、両国で多彩に各種の行事が催された。

「歴史の扉を未来へ向けて」を指向する『日蘭交流の四〇〇年』の開催趣意書において時のローベルト・ファン・ナウハウス駐日オランダ大使は「なかでも重要なものは、オランダ商館長の江戸参府の現代版である『江戸参府二〇〇〇』でしょう。」と強調した。その一年間、オランダが日本で実行した数ある催し物のなかで「カピタンの江戸参府」を最も重要視していたのである。

その年、オランダではアムステルダムの王宮で「江戸参府展」が開催され、ライデンのシーボルト記念館でも、民族学博物館でも、それぞれ趣向を変えた「江戸参府展」が催され、好評を博した。日本でも、長崎市立博物館、シーボルト記念館、江戸東京博物館、室津海駅館等で、「江戸参府」を主題にした特別展が開催された。日蘭関係の過去から現在にかけて、いや、未来に向けて、かくも重要視される「カピタンの江戸参府」。では、よほどよく知られているのか、と思ったら、さにあらず。

驚いたことに、まとまった単独の研究書さえもない。知られていないのである。重要視されていても、長年にわたって、日・蘭双方の史料が揃った状態で得られなかったからである。

「カピタン最後の江戸参府」は、まずまず日・蘭双方の史料に富んでいる、と判明した。そこで、迷うことなく、史料に語ってもらおうと試みる。

まずは紙上で、カピタンの江戸参府の旅を再現してみたいと思う。

そこで、第一章は、日・蘭双方に参府史料をもとめてみる。第二章は一八五〇年江戸参府、日・蘭双方の顔振れを確認してみる。第三章と第五章の、往路・復路の旅は、主としてカピタンに案内を頼み、第四章江戸滞在中のことは長崎屋の警備に当たった町奉行所役人に語ってもらい、第六章では、江戸参府の一行を泊めた五都市六軒の阿蘭陀宿を、紹介してみる。それを第七章で著者がまとめ、第八章で意見を述べる、という方針で本書の話を進めてみたいと思う。

なお、第三章、第五章はカピタン・レフィスゾーン自身が語るスタイルですすめられる。本文の地の文章で〈私〉といっているのはカピタン・レフィスゾーン自身であり、〈われわれ〉といっているのはカピタンとドクトル・モーニッケとのことである。言葉のできない、来日してなお日の浅い、日本の事情に不案内な人の事に言い及んでいない箇処や欠落しているところは、零細な日本側史料を動員して、陰から筆者が補うこととした。表現の言葉づかいによってその区別は容易に察することができよう。

目次

第一章　江戸参府史料を日・蘭双方にもとめてみると

江戸参府の初めは一六〇九年のこと。台湾での中国貿易をめぐる朱印船とオランダ商館の紛争事件である台湾事件（一六二八―三二）により一時中絶していた日蘭貿易が再開された一六三三年から毎春の定例となった。一七九〇年からは、貿易半減にともなって、五年目ごと、すなわち四年に一度と改定され、休年には阿蘭陀通詞によって半減の献上と代参が行なわれた。一八五〇年度分まで、定例の参府回数はじつに一六六回の多きを数えている。朝鮮通信使の一二回、琉球使節の江戸登りの一八回に比して、断然多い。

将軍も、幕府の高官も、カピタン一行を異教の徒として警戒、厳しい監視の眼でみた。

その一方で、珍奇な品々と、異国の情報に期待を寄せ、待ちのぞんでいた。

道中、一行を数日止宿させた定宿《じょうやど》を「阿蘭陀宿《オランダやど》」と呼んでいる。どんな泊まり方をしたのだろうか。規制と監視、管理の実態はいかなるものであったか。その間をぬって行われた、交流と交歓、その実状と実情は、どんなふうであったか。個人的欲求は、どの程度、許されたものであったか。

元禄時代に来日したケンペルに『江戸参府旅行日記』がある。

杉田玄白の『解体新書』が刊行された直後に来日したツュンベリーに『江戸参府随行記』がある。蘭学熱の高まった文政期に来日したシーボルトに『江戸参府紀行』がある。

毎日の道中で、目にし、耳にし、心にとめた体験の数かずをいきいきと躍動的に伝えている。旅行記として、読み物として、実に面白い。

しかし、来日、なお日の浅く、日本事情に不案内の彼らの文に、幕府が定めた規定や守らせた制度、その狙いを組織的に読み取ろうとしても不可能である。無理もないことである。それに、彼らは揃ってカピタンではない、立場がちがうと観点もちがう。したがって筆録の仕方もちがっている。

しからば、日本人の手になる記録があるかと探ってみる。ところが、当の幕府と幕府関係者に記録を遺している例が見当たらない。これはなんとも不思議なことである。では、監視や護衛に当たった随行日本人の手になる記録はあるだろうか。これも、さっぱり紹介もされてこなかった。

では視角をかえて、カピタン一行が定宿とした江戸・京・大坂・下関・小倉の「阿蘭陀宿」に記録が遺っていないかと探ってみる。宿泊した側の記録ではなく泊めた側の記録を探ってみる。

江戸は本石町三丁目に在った「長崎屋」の名はよく知られている。毎回、止宿日数も多かったから、さぞや、江戸参府に関する史料や資料、豊富に所蔵されていたであろうと期待される。ところが、一切の史・資料、烏有に帰している。なぜか。「火事と喧嘩は江戸の華」。過密な地区に在った長崎屋は類焼に次ぐ類焼に見舞われ続けた。おまけに、長崎屋のあった場所には、現在、ＪＲの新日本橋駅がある。あの深い駅が造られた頃は、現在のように、事前に発掘調査をする、というような時代ではなかった。長崎屋は献上物の厳重な保管の必要から、石蔵や地下蔵を持っていた。伝世品の数かずがあったはずである。一切が失われてしまった。取り返しのきかないことである。阿蘭陀宿の代表格、江戸の長崎屋にしてこんな有様である。ほかの阿蘭陀宿も知られていなかった。阿蘭陀宿といえば、狂歌や俳句、葛飾北斎が『画本東都遊』にのせる本石町の長崎屋の図がよく掲げられ、せいぜい『狂歌江戸名所図会』にみえる一図が紹介されるくらいのものであった。

こんなわけで、「カピタンの江戸参府」、重要な史的課題にもかかわらず、史料紹介も本格的研究も、ながらく進展をみないできた。

ところが、近年にいたって、ようやく次のような史料を手にすることができるようになった。

・カピタン J. H. Levijssohn の手になる『日記』の翻訳が出来た。
・長崎屋の警備に当たった町役人の手になる記録数点を読む機会を得た。
・随行した通詞の手になる役務必携の書が判明に至った。
・京の阿蘭陀宿・海老屋の『御用書留日記』と諸記録数点の解読を終えた。
・他の阿蘭陀宿、大坂の長崎屋（為川）、下関の伊藤家と佐甲家、小倉の大坂屋（宮崎）の断片的な史料にも接することができた。

このうちでも特筆したい点は、一八五〇年（嘉永三年）度分の参府関係の内・外の史料が比較的揃ったことである。

一八五〇年に参府したカピタンはJ・H・レフィスゾーン（J. H. Levijssohn）。その『参府日記』がオランダの国立中央文書館にある（図1・2）。同年の長崎屋の警備に当たった江戸の町奉行所役人の記録が二種と、参府一行の総責任者を務めた検使が心得るべき役務必携書とが揃った。このように江戸参府に関して、同一年度の内・外の史料がよく揃った例は他に全く見られない。彼我の関係当事者が以後の継続的役務の参考に、よく記録を遺し

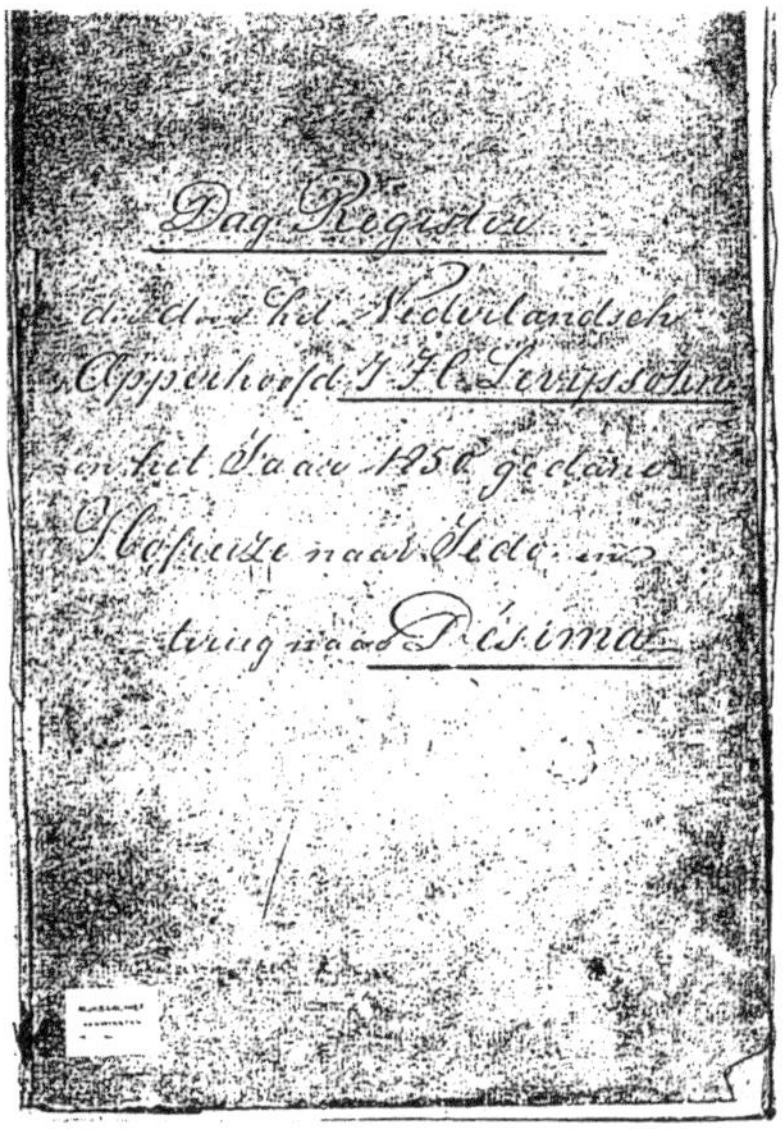

図1　レフィスゾーン『江戸参府日記』原著の扉（オランダ国立中央文書館蔵）

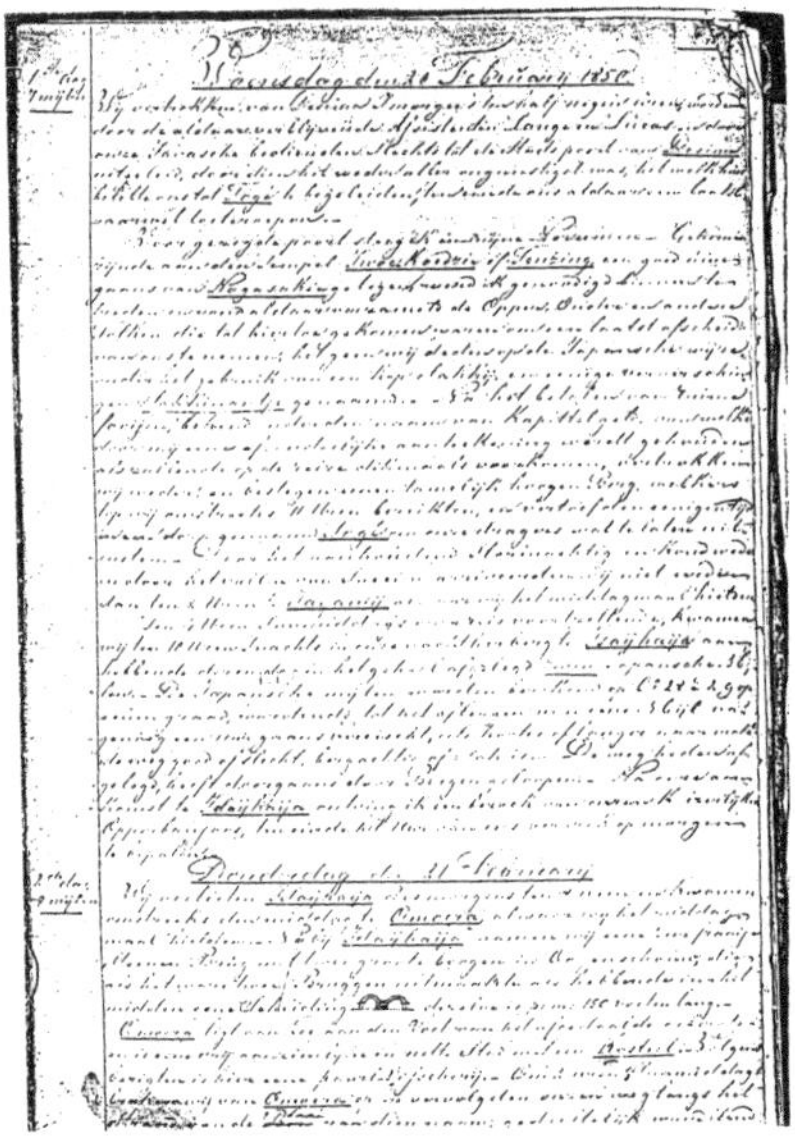

図2　レフィスゾーン『江戸参府日記』第一葉（オランダ国立中央文書館蔵）

た、ということになる。一八五〇年の江戸参府旅行をして、一日も欠かすことなく日記を書き続けたJ・H・レフィスゾーンは、オランダの政府ハーグに弁護士の子として生を享け、長じてバタビアにおいて輸出入税局の収税官をつとめるなど、オランダの貿易業務にたずさわった。その経験のうえに、日本のオランダ商館長であったのは一八四五年から一八五〇年までの五年間である。

レフィスゾーン来日の前年、オランダ国王ウィレム二世は、日本に開国を勧告する親書を送ってきた。しかし、激動するヨーロッパ国際情勢の、圏外にあったわが幕府は、連合オランダ東インド会社がすでに一七九九年に解散し、その貿易業務が国営として引き継がれたものであったことも、オランダ国自体、一時、フランスに併合され、一八一四年の独立を回復、ネーデルラント王国に生れかわったことも認識するにいたっていなかった。変わりない出島のオランダ商館に対する対応であった。したがって、着任早々のレフィスゾーンが最初に手がけたことは、日本の「勧告謝絶」を内容とする「返翰」の送付という、かんばしからぬ仕事であった。それでも、異国船の出現、漂流人の取り扱いに長崎奉行からの依頼を受ければ、フランス語文書や英語のオランダ語訳を引き請け、協力する業務が連年のように続いた。その間をぬって、牛痘苗の将来に尽力するなど、日本の官民との友好に心がけなければならなかった。というのも、このころの日蘭貿易において、輸入の主要商品は反物類で、単品としては白砂糖であったが、イギリスのインド進出にはばまれて、オランダは日本側の注文に十分応じる力なく、輸入商品の集荷も思うにまかせない状態であった。そんななかで、輸出銅の確保、利益の確保に努めなければならなかったのである。気をゆるせない時期における、気の抜けない立場にあったカピタンであったのである。

ところが、一八五〇年の江戸参府は、結果として最後の参府となってしまった。

また、一八五〇年度から数えて五回まえの一八二六年の参府にはシーボルトが随行していた。シーボルトが江戸で天文方の高橋景保をはじめ、蘭方医・蘭学者と熱心に面談の機を重ね、学術資料の交換・収集が禁制品にまで深く及んでいたことは、その後に起きた、シーボルトが日本地図を持ち出そうとして、引きおこしたいわゆる「シーボルト事件」によってよく知られている。

しかし、一方、二〇余年にわたる年月経過の意味は大きい。変らず守られる「制度」のなかで、「守られず崩れたり」「変化」もみられたのである。

ところで、時代と場所を超えて、「旅」につきものは、

・名物―美味なる名物との出会い。

・見物―目を楽します名所・旧蹟の見物。

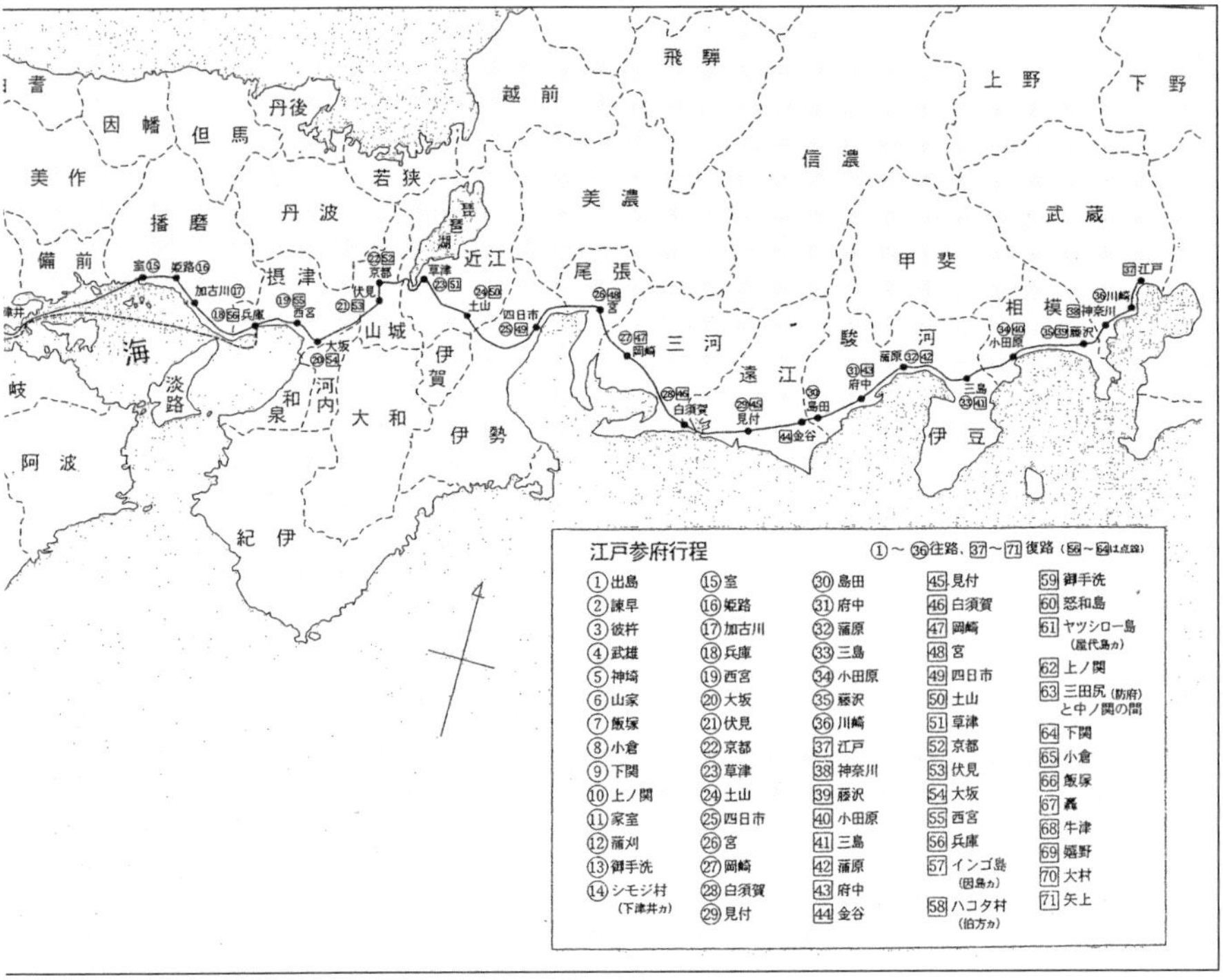

・土産―見も知らぬ、土地土地の、珍しい土産の品々。

といった、自由な欲求の三要素と筆者はみている。めったに入り込むことのできない「国」と「地域」の「旅」であったならば、その欲求、殊のほか強いものがあったであろう。

したがって、内外の史料が、まずまず揃った一八五〇年の「カピタンの江戸参府」をみることによって期待される解明点は、

・不変に厳守されている江戸参府の本質
・回数を重ねて積み上げられた制度
・シーボルト事件後の規制の強化とその後の変化
・この年度の特別事項と、その実情

などの諸点である。そして、この一八五〇年は、ペリー来航による日本激動・激変の

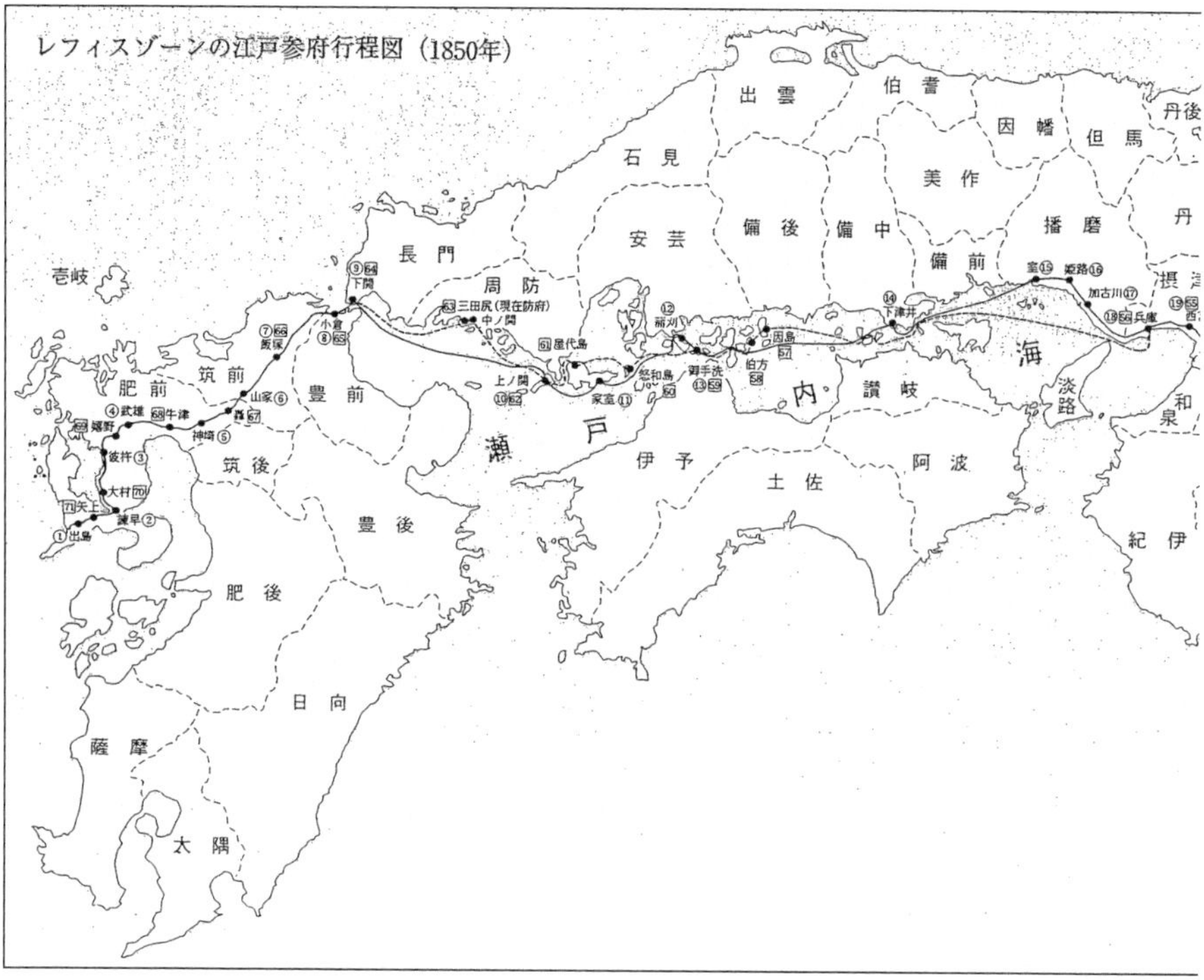

図3　レフィスゾーンの江戸参府行程図（1850年）（片桐一男作成）

直前に当たる。どんな雰囲気の日本であったか。「カピタンの江戸参府」というリトマス試験紙を入れてみたら、そこにどんな色合いの日本が浮かび上がってくるであろうか。

　レフィスゾーンは毎日の日記に、「月日」と「曜日」を記し、その日の移動距離として「里数」を記している。「出立地名」と「出立時刻」、昼食を攝った「昼の休憩地名」もしくは「茶店」、「宿泊地名」と「到着時刻」も、ほとんど忘れることなく記している。したがって、これをもとに、参府の日程表を作ることができる。参府の行程図を作成することもできる（図3）。

　これらは、初めての土地を旅する後任者にとってどれほど役立つものであるか量り知れないものである。レフィスゾーンはこの一八五〇年の参府旅行が最後になるなどと露ほども思っていない。通過する村や町、都市の様子、神社仏閣、生業にも眼を向けている。簡潔な記述であるが、じつに、次に旅する人に役立つ眼くばりがされている。このへんの記載振りが、随行者のそれでなく、責任者カピタンの記載というべきであろう。

第二章　江戸参府一行の顔振れ

カピタンの江戸参府一行にはどのような人が加わっていたか。その人数とともに、顔振れが注目される。なにしろ、キリスト教厳禁の世に、キリスト教国の人を旅させたのである。どんな監視と警固が必要であったか。日本人社会に不案内な言葉の通じない外国人の旅である。言葉や金銭の問題、どんな安全と保護が確保されていなければならなかったであろうか。

カピタンの江戸参府一行の人員構成は、当然のことながら、オランダ人と日本人とから成っている。

オランダ人としては、オランダの使節であるカピタンに、随員として、書記一人、医師一人の随行で、計三人が通常のことであった。一八五〇年の場合は、カピタンがJ・Hレフィスゾーン、随員として医師のO・G・モーニッケの一人が随行した。

日本人としては、一行の総責任者として、長崎の奉行所から派遣される検使としての役人をはじめ、通弁、通訳を務める阿蘭陀通詞ほかが随行したと知られていたが、規定されていた五十七ないし五十九人の人員構成については知られていなかった。ところが、この一八五〇年の場合には、レフィスゾーンが、参府期間中の「日記」

図4　1850年　江戸参府人名表（ハーグ国立中央文書館蔵）

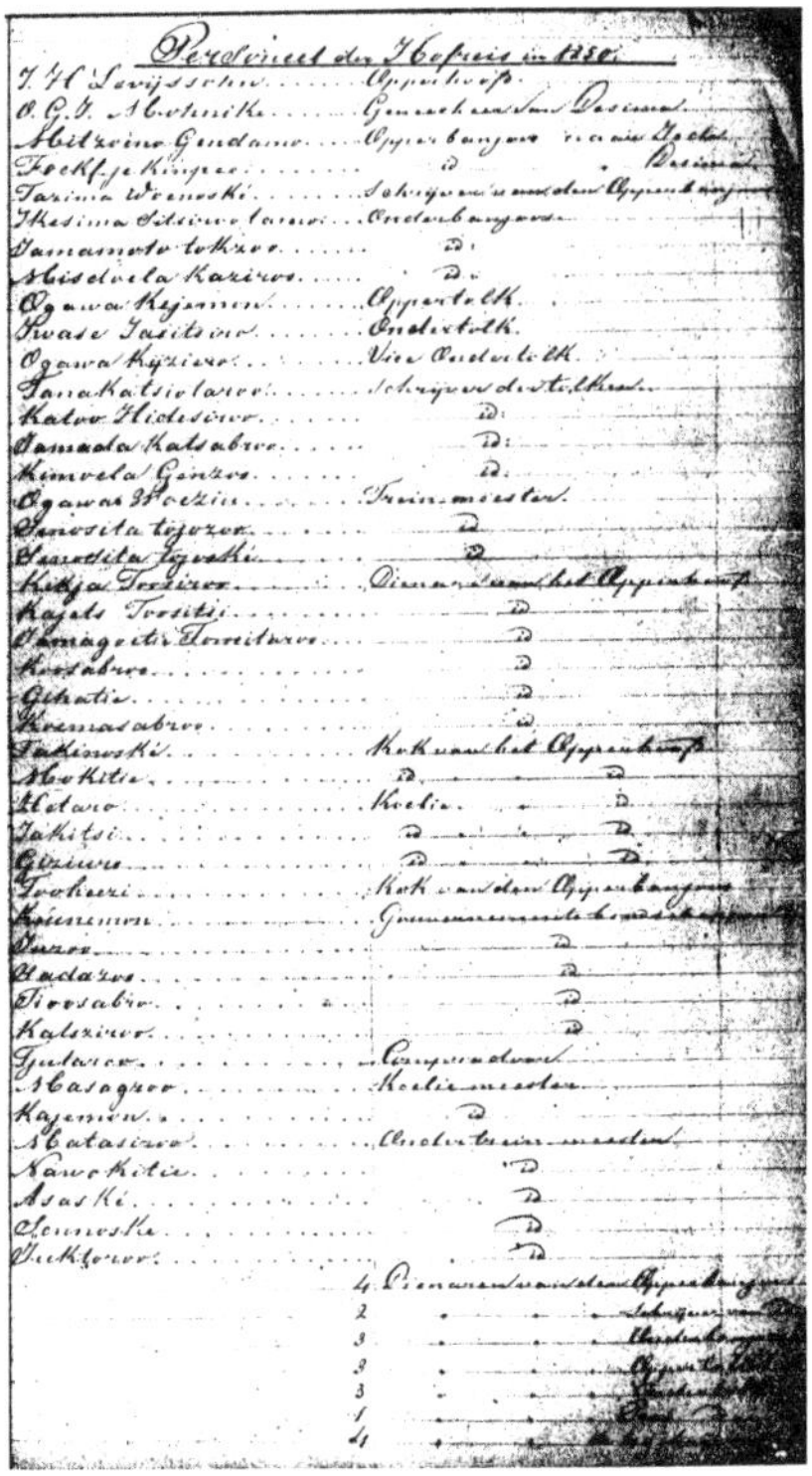

図5　御用留日記（嘉永三年）にみえる江戸参府一行の人名・役職名（神戸市立博物館蔵）

の後に、「一八五〇年　江戸参府人名表」とでも呼ぶべき役職名付き一行六十三名の人名表を付けていて知ることができる（図4）。ただし、「日記」も「人名表」もオランダ語で書かれている。したがって、オランダ人の名前は、表記通りで直ちに理解できるが、日本人一行の氏名は、オランダ語表記にされたままではわからない。例えば、Mitzoeno　Gendamoと表記されている。これはミヅノ・ゲンダモと読めるが、これを日本人の氏名として漢字表記に復元することは不可能である。おまけに従僕たちは氏名をあげず、人数のみを示している。対応する邦文史料が得られなければ解決しない。長らく不明のままであった。

ところが、京の阿蘭陀宿海老屋の『御用書留日記』によって参府した一行の人名を、ほとんど全員拾うことができる（図5）。身分・役職名もわかる。分宿した宿屋の名前まで判明する。そこで、これをレフィスゾーンの人名表に突き合わせ、確認してみる。『御用書留日記』に記載されている役職名がオランダ語で訳されている役名と異なっている場合には拙訳を（　）付きで示す。このようにして、作成した人名表を次に掲げる（表1）。便宜のため整理番号を頭部に付ける。

表1　Personeel der Hofreis in 1850（一八五〇年　江戸参府人名表）

（1）J.H.Levijssohn　J．H．レフィスゾーン　Opperhoofd. かひたん（商館長＝カピタン）

（2）O.G.I.Mohnike　O．G．I．モーニケ　Geneesheer te Desima. 外科（出島医師）

（3）Mitzono Gendamo　水野　鉉太夫　Opperbanjoos naar Jedo. 警固御検使（江戸行上検使）

（4）Foekf-je Kinpee　福井　金平　id.　〃　Desima. 検使（復路上検使）

（5）Tazima Woenoské　田嶋　卯之助　Schrijver van den Opper banjoos. 目安掛書物改方（上検使付筆者）

（6） Ikesima Sitsirootamo　池嶋　七郎太夫　Onderbanjoos. 御役所付触頭（下検使）

（7） Jamamoto Tokzoo　山本　得三　id. 町司（〃）

（8） Misdoela Kaziroo　三浦　嘉次郎　id. 〃（〃）

（9） Ogawa Kejemon　小川　慶右衛門　Oppertolk. 大通詞

（10） Jwase Jasitsiro　岩瀬　弥七郎　Ondertolk. 小通詞

（11） Ogawa Kijziero　小川慶十郎　Vice Ondertolk.（小通詞並）

（12） Tanaka Tsiotaroo　田中　千代太郎　Schrijvers der Tolken. 勘定役元〆（通詞付筆者）

（13） Katoo Hidesiroo　加藤　豪四郎　id: 〃（〃）

（14） Jamada Katsabroo　山田　勝三郎　id: 勘定役

（15） Kimoela Genzoo　木村　源三（蔵）　id: 〃

（16） Ogawa Woeziu　小川　卯重　Trein meester. 献上物宰領頭見習（宰領頭）

（17） Senosita Tojozoo　瀬下　豊蔵　id: 献上物宰領頭格（〃）

（18） Senosita Toyoské　瀬下　豊助　id: 同見習（〃）

（19） Kikja Toosiroo　菊谷　藤次郎　Dienaar van het Opperhoofd. 内通詞小頭見習（カピタン部屋付）

（20） Kajets Toositsi　加悦　藤七　id: 内通詞格（部屋付）

（21） Jamagoetie Tomitaroo　山口　富太郎　id: 〃（〃）

（22） Koosabroo　幸三郎　id: 部屋働

（23） Gihatie　儀八　id: 〃（〃）

（24）Koemasabroo　熊三郎　id: 〃（〃）
（25）Takinoské　瀧之助　Kok van het Opperhoofd.紅毛料理人
（26）Mokitie　茂吉　id: 〃 〃
（27）Hetaro　平太郎　Koelie　〃　〃id: 部屋働手代
（28）Jakitsi　弥吉　id: 〃 〃 〃id: 〃
（29）Giziuro　儀重　id: 〃　〃
（30）Tooheezi　藤平次　Kok van den Opperbanjoos. 江戸行賄方
（31）Kiunemon　金右衛門　Gouverements boodschapper. 御勝手部屋番
（32）Juzoo　勇蔵　id: 御勝手小使
（33）Sadazoo　定蔵　id: 〃
（34）Tioosabro　長三郎　id: 〃
（35）Katsziroo　勝次郎　id: 〃
（36）Tjutaroo　中村忠太郎　Compradoor. 諸色売込人
（37）Masagroo　政五郎　Koelie meester. 日雇頭
（38）Kajemon　嘉右衛門　id: 〃
（39）Matasiroo　又四郎　Onder trein meestor. 惣荷物宰領
（40）Nawokitie　直吉　id: 〃
（41）Asaské　浅助　id: 〃

(42) Sennoske　仙（千）之助　id: 〃
(43) Juktoroo　幾太郎　id:
(44) 4 Dienaren van den Opperbanjos.（上検使付小使）小林源作　寺友粂蔵　久助　太郎治
(45) 2 〃 〃 Schrijver van id:（上検使筆者付小使）盛三郎　清次郎
(46) 3 〃 〃 Onderbanjoozen.（下検使付小使）甚（勘）太郎　米吉　末太郎
(47) 3 〃 〃 Oppertolk.（大通詞付小使）平吉　利兵衛　茂三郎
(48) 3 〃 〃 Ondertolk.（小通詞付小使）与三郎　宗重　庄助
(49) 1 〃 〃 Prov. id:（小通詞末席付小使）千吉
(50) 4 〃 〃 de 4 Schrijvers.（四人の筆者付小使）福太郎　金太夫　亀吉　定蔵

一八五〇年（嘉永三）度の江戸参府一行の総人名がその役職名とともに、日・蘭双方の史料によって、すべて判明、確定に至ったことの史的意義は大きいといわなければならないし、希有なことであるともいえる。一六六回を通じて唯一の例である。これによって、カピタンの江戸参府における一行の人的構成を理解することができる。

レフィスゾーンのあやしげな発音にもとづくオランダ語表記の日本人名が海老屋の日記によって鮮明となり確定した。(36) のコンプラドール＝諸色売込人の名のように、名だけの表記が姓名ともに判明した。(44) 以降は人数だけの記載であったものが、それぞれの名が全て判明した（詳しくは、「江戸参府一行の人名・役職名・働き」（『洋学史研究』第一八巻）参照）。

一行の人数について、蘭文史料には六十三名を数えている。海老屋の日記には「〆六拾人」と記している。点検してみると、オランダ人二名を加算すれば六十二名となる。一名、数が合わない。これはどうしたことであろうか。

この年の参府旅行において、後に述べることであるが、往路、川崎宿でカピタンの所持品が盗難にあった。そこで、参府の復路に際し、吟味のため検使の水野鉉太夫が「江戸表ニ御差留」になった。そのため福井金平が復路の検使を務めることになった。この事情により、復路、京の海老屋の宿泊人数が一人減じていたわけで矛盾しないのである。

蘭文史料が、検使水野鉉太夫について、特に「江戸行上検使」と記し、福井金平について、特に「出島行上検使」と記している事情が判明する。拙訳では「出島行上検使」を、あえて「復路上検使」としておいた。

次に、どのような役職者の構成であったか、長崎奉行所におけるどのような役柄の役人が随行者に加わっていたものか、確認してみよう。

カピタンの江戸参府に際し、全行程の警固に当たる総責任者といえる検使は、長崎奉行が付き添わせる長崎奉行所役人である。では、奉行所におけるいかなる役人が検使として任命され、随行していたのであろうか。『参府之阿蘭陀人逗留中出役致候節書留』によると、水野鉉太夫も福井金平も、ともに「長崎奉行手附」であった。

上検使付きの筆者には（5）のように、長崎奉行所の「目安掛書物改方」が任命されている。「下検使」には、（6）（7）（8）のように、「御役所付触頭」か「町司」が任命されていることがわかる。これらの諸役人は出張旅費の支給を受けている。

カピタンの江戸参府に随行する阿蘭陀通詞を「江戸番通詞」と呼んでいる。江戸番大通詞一名。江戸番小通詞一名の計二名が正規の定めであるが、見習いとして小通詞並か小通詞末席あたりから随行した場合が多いようである。

通詞付の筆者として「勘定役元〆」が二名、「勘定役」が二名の計四名の勘定役が随行している。旅行中、宿賃をはじめとして、通詞が、カピタンになりかわって、毎日昼食をとる茶店で茶代を支払い、参詣する社寺において賽銭を納め、各種の祝儀や心付けなどを支払い、買い物の代金を支払った。また、献上物・進物の残品を販売する際に、その入金事務を代行した。このように、値段の交渉から一切の出納事務を取り扱ったために勘定役が四名も随行していったのである。そんな事情がこの年度の名簿からはじめてよくわかった。

阿蘭陀通詞が通弁・通訳事務と会計事務とをその職務としていたことが、このようにはっきりと理解できる。献上物や進物の荷物、さらには一行の個人的荷物、長崎や各都市の人びとからの頼まれ荷物など、おびただしい荷物の山、この運送は旅行中の毎日、大変な仕事である。その宰領頭《さいりょうかしら》の役割は重要である。陸路と海路と、遅れのないように手配をしておかなければならない。雇人夫を支配しなければならない。小川と瀬下の二人が代々務めたようである。したがって子息を同行させて業務を見習わせ次代に引き継ぐ必要があった。

カピタンをはじめとするオランダ人の宿泊する部屋において、身近かに奉仕したのが「カピタン部屋付」である。(19)から(24)まで六人も付いている。そのうち(19)(20)(21)の三名は「内通詞」である。内通詞は正規の通詞より下位の身分にあるが、彼らはオランダ人の身近かに常勤していたから、彼らの語学力は侮れない。阿蘭陀宿で正規の通詞が近付けない監視下にあっても、オランダ人の身近かに接していたのである。

あの、今村源右衛門が内通詞の家の若者として、ケンペル付きの従僕に抱えられ、江戸参府に随行、長崎屋等まで、常にケンペルの膝もとにいて親しく奉仕していたことが想起される。詳しくは拙著『阿蘭陀通詞今村源右衛門英生』(丸善ライブラリー145)に譲らなければならない。だからこそ、ケンペルが今村源右衛門を通じで、密談に及ぶような長時間の調査の集積のうえに名著『日本誌』の準備ができたのであり、禁制品を含む沢山のコレクションができたのである。

「紅毛料理人」が二名も随行している。出島の料理部屋へも長崎市中から「通い」で何人か働きに行っている。これらの者たちが、オランダ料理、外国料理をおぼえて長崎の街に帰り、江戸参府に随行して、主要な五都市に滞在したことは注目される。

あの蘭癖家老の鷹見十郎左衛門のちの泉石が文化の交、江戸の町なかで「阿蘭陀料理の会」に出席している。集まった顔振れは江戸の菓子商伊勢屋七左衛門兵助、蘭学者杉田玄白の孫の松鶴らである。阿蘭陀料理も、洋菓子も、思いのほか伝播し、定着をみていた。出島の存在、江戸参府の意義、看過できないものがある。「江戸行賄方」も「部屋働手代」も「御勝手小使」も、どうして、どうして、見過ごせない者たちである。

コンプラドールCompradoor「諸色売込人」が随行している。諸色売込人はコンプラ仲間十六人を形成、江戸町すなわち出島橋を渡ったところに住んでいて、出島へ諸色（日用雑貨等）を売り込んだ。江戸参府でオランダ人に随行、往路、主要都市に滞在中、オランダ人になりかわって商談にのぞみ、注文をしておき、復路に土産品として大量に買い付けて、長崎へ持ち下り、出島へ運び込んだのである。ヨーロッパへ持ち帰った。

天保九年（一八三八）ニーマンが参府したときのカピタン遣い銀の総額が三八〇両、コンプラドールが買い集めたカピタンの買い物は京の工芸品をはじめとして二一〇両にのぼった（図6）。買い物代が総支出の五六パーセント、五割を超える土産品代であった。

江戸時代二〇〇年以上にわたって、買い続けられ、ヨーロッパへ持ち運ばれ続けたのである。ヨーロッパ各地に江戸時代の日本で造られた工芸品、美術品、日用品がコレクションとして遺っている。

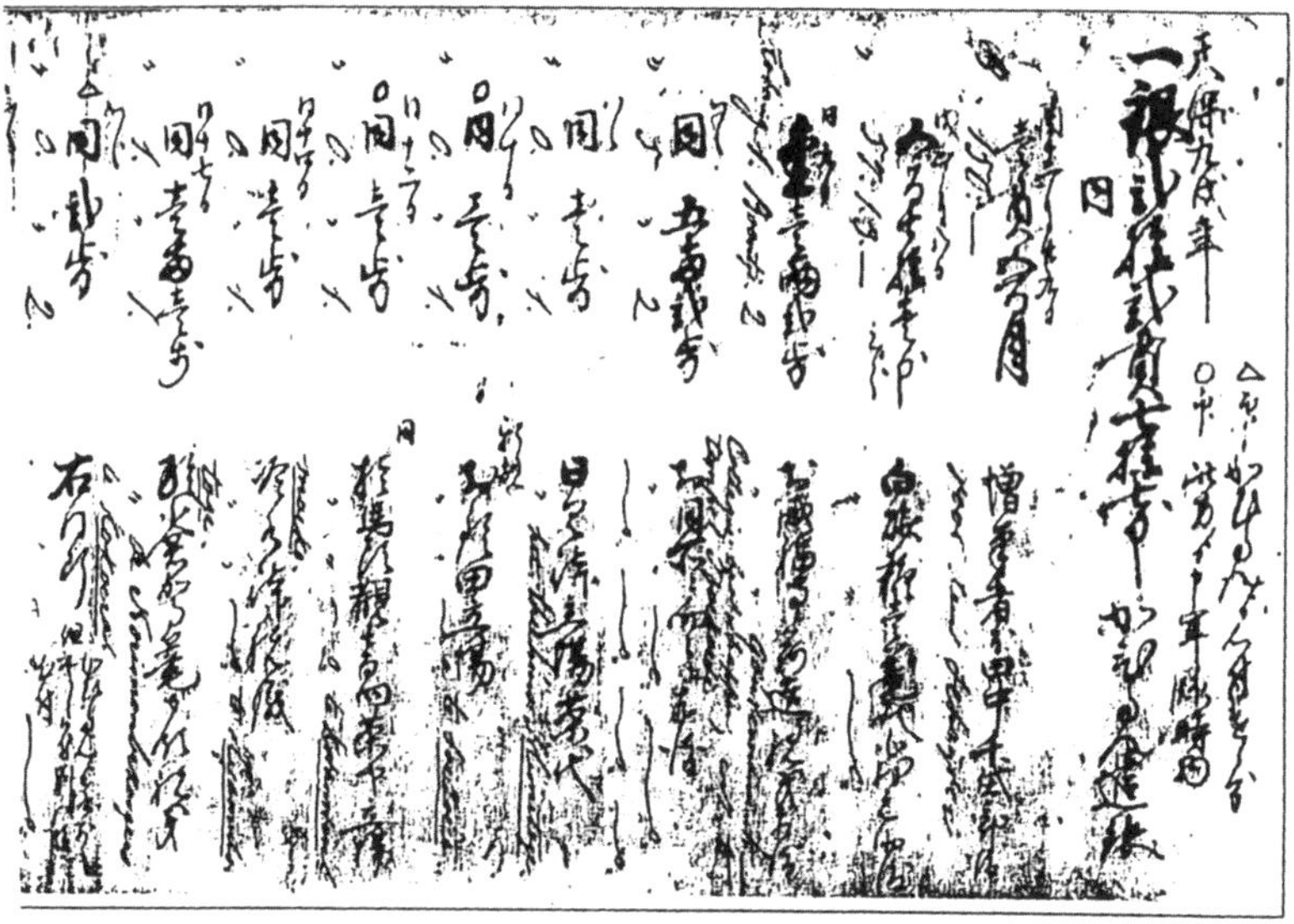

△印　かひたん δ 心付遣候分
○印　此方 δ 申聞臨時物

天保九戌年
一銀弐拾弐貫七拾七匁　かひたん遣銀
内
酉十二月廿九日
壱貫五百目　増筆者分田中千代太郎渡
150:—　Voor den Schrijver
戌正月八日
五百七拾壱匁三分　白砂糖壱篭代北村元助渡
〃 57:1:3.—　〃 〃
同九日
金壱両弐歩　於威福寺ニ荷造り祝義相渡
Kobang. 1. Boontje 2.　〃 〃 Gouvernement —.
Collegie boodschapper, enz. te tempel Iboekoedi
?
同五両弐歩　於同所ニ向々江相渡
〃 5. 〃 2.　〃 〃
?
同　壱歩　日見峠立場茶代
〃 0. 〃 1.　〃 het theehuis te Himitoge.
同十日
○同　壱歩　新規 於鈴田立場
〃 0. 〃 1.　〃 〃 te Soezoeta.
同十二日
○同　壱歩　同 於馬頭観音向茶ヤ立場
〃 0. 〃 1.　〃 〃 te Kwanwonmoeko.
同十四日
同　壱歩　冷水峠祝儀
〃 0. 〃 1.　〃 〃 te Hijamidstoge.
同十七日
同　壱両壱歩　於小倉駕籠才領祝義
〃 1. 〃 1.　〃 de Norimon bezorgers te Kokoera.
?
同　弐歩　右同断　但　かひたん δ 格別遣し候ニ付　別段心付
〃 0. 〃 2.　〃 〃
?

図6　天保九戌年「かひたん遣銀」（部分）（シーボルト記念館蔵）

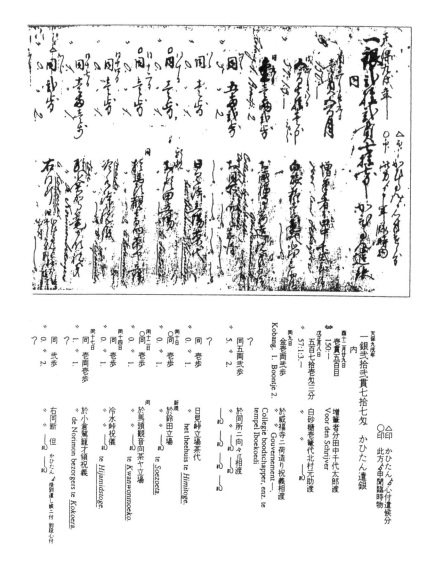

だから、「御勝手部屋番」や、「御勝手小使」が五人も必要だったのであり、「日雇頭」が二人、「惣荷物宰領」が五人もいて、多くの日雇人夫を使って持ち運んだのである。

参府一行の総人数は五十七〜五十九人と規定されていた。この一八五〇年（嘉永三）は、まずまず守られていたといえよう。

第三章　レフィスゾーンの江戸参府・往路

1　長崎街道——短陸路

長崎から小倉までの「長崎街道」を、オランダ人は「Kort《コルト》 land《ランド》 weg《ウェッヒ》 短陸路」と呼んでいる。レフィスゾーン一行の日程は次のようなものであった。

第一日　二月二〇日（正月九日）
　出島出発　矢上宿で昼食　諫早宿泊
第二日　二月二一日（正月十日）
　諫早出立　大村宿で昼食　彼杵宿泊
第三日　二月二二日（正月十一日）

彼杵出立　嬉野宿で昼食　武雄（塚崎）宿泊
第四日　二月二三日（正月十二日）
武雄出立　牛津宿で昼食　神崎宿泊
第五日　二月二四日（正月十三日）
神崎出立　田代宿で昼食　山家宿泊
第六日　二月二五日（正月十四日）
山家出立　内野宿で昼食　飯塚宿泊
第七日　二月二六日（正月十五日）
飯塚出立　小倉宿泊

それでは、レフィスゾーンの日記を読み解くことで、その足取りの実際を通覧してみよう。

第一日　二月二〇日（正月九日）
朝の八時半、出島を出発。居残り役のランゲとルカス、ジャバの召使いたちが出島の門まで見送ってくれた。天気がよければ、日見峠まで、気晴らしをかねて見送りに出たことであろう。この日は生憎の悪天候ゆえ、さし控えさせた。
門の前で駕籠に乗り、江戸町、西役所そばを経て、外浦・大村・本興善・勝山の町々を進む。東に曲がって、新大工町から桜馬場までたっぷり一時間、威福寺（図7）に着く。参府の一行はこの威福寺で送別の小宴を開く

図7　威福寺（天満宮と額）（片桐一男撮影）

ことを常例としていた。参府随行の経験をもつツュンベリーは「商館にいるオランダ人も、長崎の町を通って我々について来た。また商館に何らかの勤めや仕事を持つ日本人の一団も従ってきた」と記している。

シーボルトは「同行者と共に（威福寺の）広間にはいり、天の守り神すなわち天神の加護を祈り、同行者やわれわれをここまで送って来た友人たちと土地の風習に従って酒をくみ交わした」と記している。

レフィスゾーンも「日本の仕来り」通りに行った。大小の通詞たちをはじめとする見送りの人びとと、酒をくみ交わし、何がしかの食べもので暇乞いの酒宴を催し、旅行中何回もあるであろう御布施の名のもとに、十分な祝儀の支払いのあと、再び出発した。

ここで、ちょっとお断りしておかなければならないことがある。それは、この参府旅行中、支払いなど、金銭の出納に関しては、同行の大通詞が、一切、取り行ってくれることである。毎日の細ごまとした支払いをはじめ、いろいろな買い物にも、日本の「おカネ」を使わなければならず、それも「金」と「銀」を使いわけなければならないからである。通詞は「かひたん遣銀」などと題した出納帳をつけており、長崎出島に帰着の後に清算の報告をしてくれることになっている。

聞くところによると、この威福寺における酒宴の際には、「荷造り祝儀」

として、「金壱両弐歩」が支払われ、随行の役人や通詞付きの小使にいたるまで「向々《むきむき》」へ「五両弐歩」ほど渡される。カピタンからの「心付け＝祝儀＝チップ」ということであった。

この日、日本でいう七里の行程をこなして、晩の十時に諫早の宿所に着いた。

第二日　二月二一日（正月十日）

朝八時に諫早を出発。昼食は大村でとった。諫早の近くで、二つの大きな弓型をしたとても立派な石橋をみた。現在、諫早公園に移築し、保存されている重要文化財指定の「眼鏡橋」である。図2に見えている。天気も快復して真珠業の盛んな、小ざっぱりした大村湾の城下街を快適にすすみ、晩の六時半に宿所の彼杵に着いた。八里の行程であった。

第三日　二月二二日（正月十一日）

朝六時半に彼杵を出発、三里離れた嬉野で昼食をとり、そこで硫黄温泉を見学、温泉卵のできる様子も見た。午後三時半に宿所の武雄すなわち塚崎に着いた。宿の近く、大層治療効果があると聞く鉱泉の温泉場を見物した。今日は六里の行程。

第四日　二月二三日（正月十二日）

早朝四時に武雄を出発。中津の大きな寺で昼食をとり、佐賀を通って、宿泊地神崎には午後五時に着いた。十一里の行程。佐賀では、押しかける見物人をわれわれオランダ人の乗物から引き離すため、棒で武装した十二人の番人が必要であった。大変な群集である。

第五日　二月二四日（正月十三日）

朝、六時頃、神崎を出発。田代で昼食。われわれの食堂まで入り込んだ田代の住民の大騒動によって、床の大部分が落ち込んだ。夕の五時に宿泊地の山家に着き、八里の行程であった。

山家では石の蒐集を見物した。

第六日　二月二五日（正月十四日）

朝六時半、山家を出発。冷水峠を登り、そこの休憩所で、ここまでの安全な旅について祝意を表し、仕来り通り「冷水峠祝儀」として「金壱歩」が支払われた。

内野で昼食。宿泊地の飯塚には三時半に着いた。

第七日　二月二六日（正月十五日）

朝四時、飯塚を出発。直方川を小舟で渡ってから、木屋ノ瀬で昼食。途中、長崎へ向けて送られる朝鮮人漂流者に出会い、沢山の石炭の堆積を見た。シーボルトも「直方川の右岸に連なる炭焼山《すみやきやま》で石炭が出るということを聞いた。」と記している。

晩の六時半に小倉の宿に着いた。

第八日　二月二七日（正月十六日）

午後十二時四十五分に小倉を出立し、小さな船に乗って、九州と本州の間のファン・デル・カペルレン海峡を渡った。海峡の広さは三里あって、二時四十五分に下関に着いた。

2　下関滞在——蘭癖阿蘭陀宿

一行は、二月二七日（正月十六日）から三月五日（正月二十二日）まで下関（図8）に滞在した。このあとに続く、瀬戸内海の船旅の準備と船の風待ちのためである。ただし、そんなことよりも一行の関心を高くしたものは、オランダ趣味旺盛な二軒の阿蘭陀宿の人びとのことである。

下関で阿蘭陀宿を務めるのは、二人の大町年寄、伊藤氏と佐甲氏である。この二人の大町年寄は「参府の行われるとき、オランダ人をかわるがわる泊める、宿屋の特権を分かっていた」のである。

この一八五〇年の場合も、二月二七日、下関に到着すると、一人の町年寄の家に泊ったのであるが、その町年寄の父はヘンドリック・ファン・デン・ベルフ Hendrik van den Bergという名をもっていた、と記している。伊藤杢之丞盛永という人で、大の蘭癖家振りを発揮する人物であった。

昼食時に、下関のもう一人の町年寄が訪れたが、その人の父はファン・ダーレン Van Dalenの名でよく知られていた。佐甲甚右衛門のことで、これまた大の蘭癖家であった。

ここの、快い宿において、主人のヘンドリック・ファン・デン・ベルフは、およそ二〇ダイムの四角い金張りの額に入れて、二つの次の文章を掛けている（一ダイムは約二・五センチメートル）。

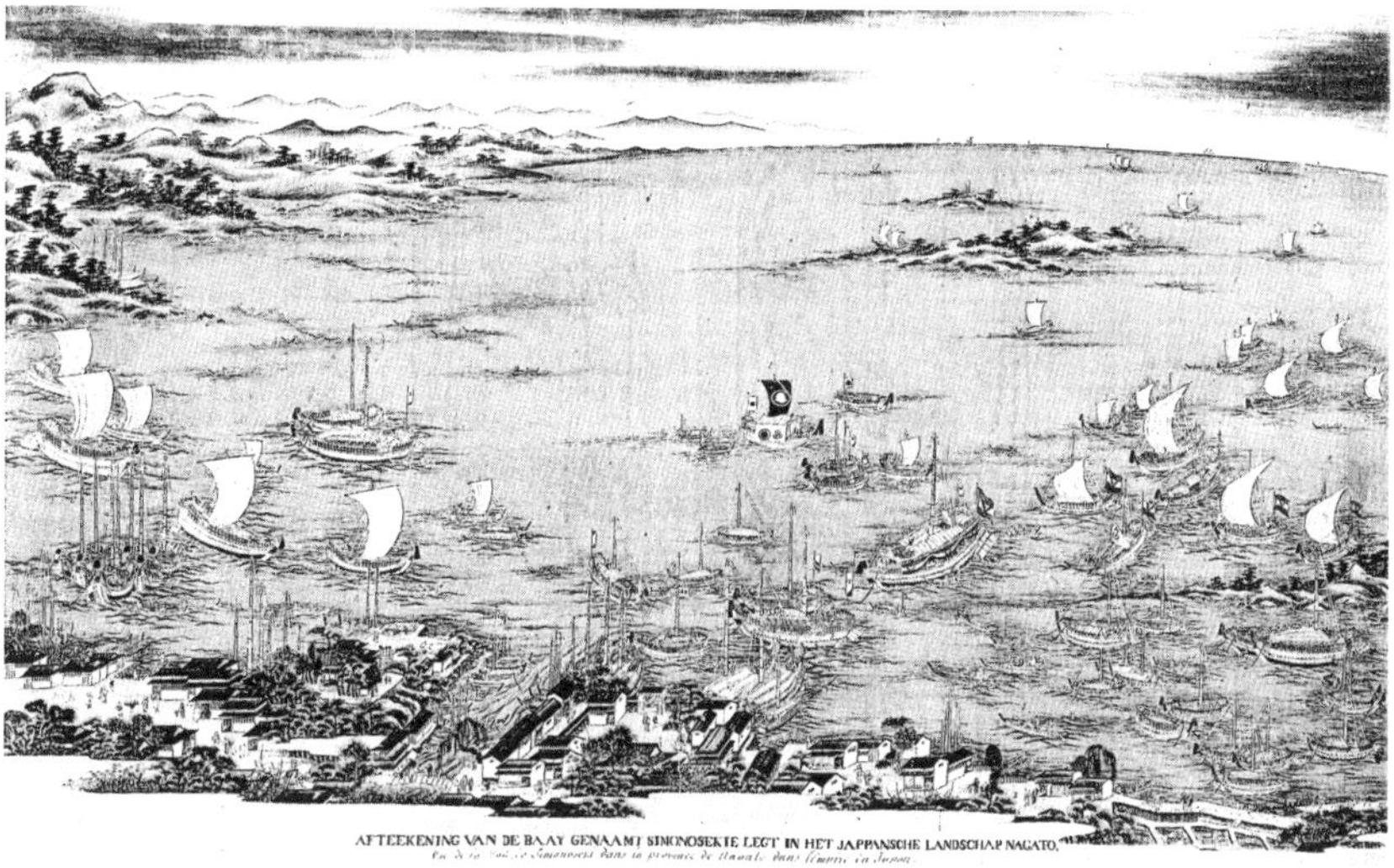

図8　「オランダ商館長御用船下関入湊図」（下関市長府博物館蔵）

第一の文（図9）

オランダ商売の繁昌を願っている人の一人である下関のオランダ宿の主人ヘンドリック・ファン・デン・ベルフの依頼で、

彼はわれわれ同様、オランダ商品の愛好家の一人であるので、船が年々日本へ来航することを望まなければならない。

豊前国中津の人民と船の持主であるフレデリク・ヘンドリク記す

文政三年

豊前国中津の人民と城の持主である高貴なるフレデリク・ヘンドリクに対して、将軍府への使節としてその道中において署名者により捧げる。

第二の文（図10）

美しく、きれいな、この言葉が、なんとわが心を打つことでしょうか。

友よ、私が、貴国を二度目に訪れたこのときに、

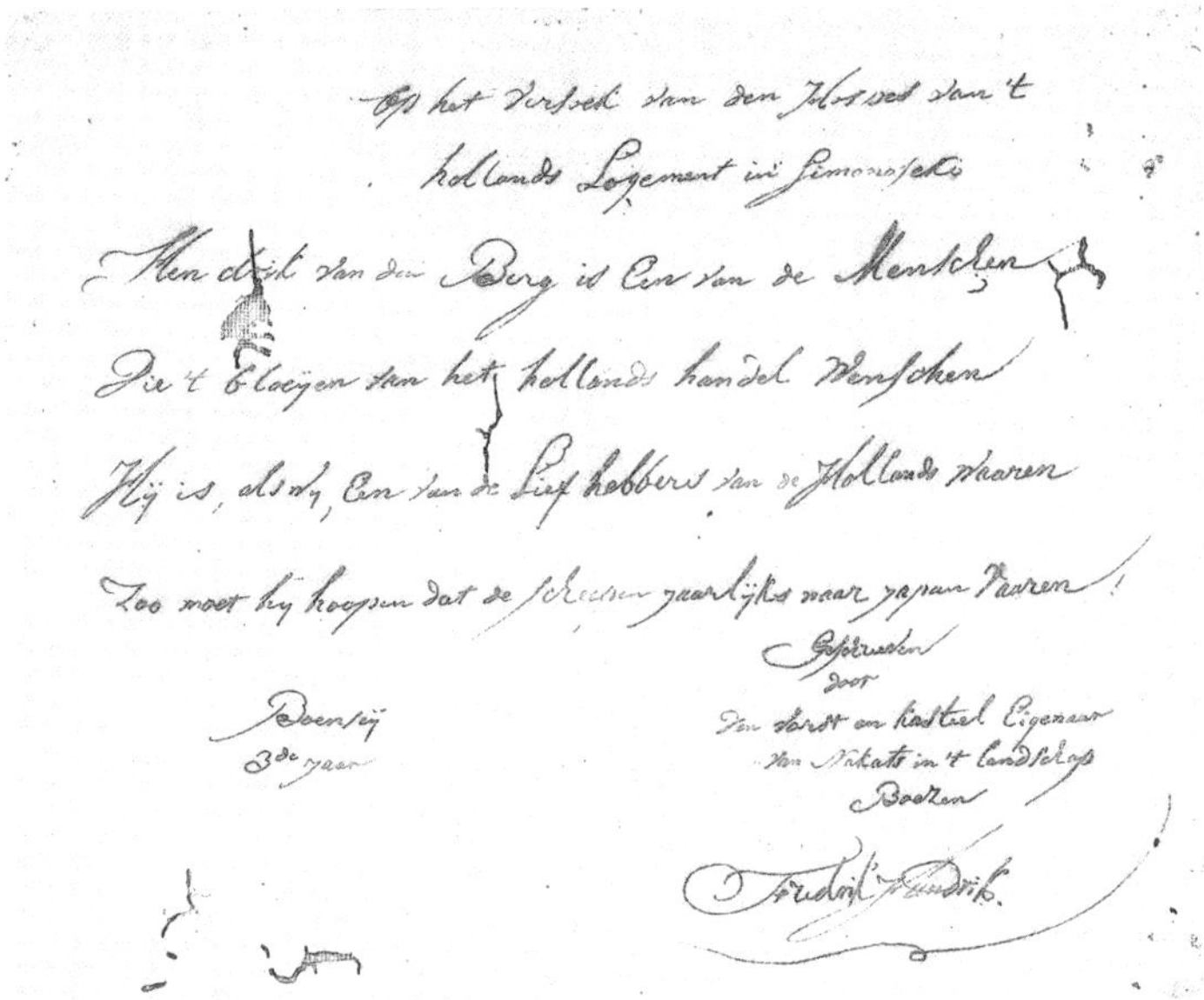

Op het verzoek van den Heer [illegible] van 't
hollands Logement in Simonoseki
Hendrik van den Berg is Een van de Menschen
Die 't Vlaggetjen van het hollands handel Menschen
Hij is, als wij, Een van de Liefhebbers van de Hollandse waaren
Zoo moet hij hoopen dat de schepen jaarlijks naar Japan vaaren!

Gesproken
door
Den Vorst en Kasteel Eigenaar
van Nakats in 't landschap
Boezen

Boensij
3de jaar

Fredrik Hendrik

図9　奥平昌高蘭文詩（伊藤家蔵）

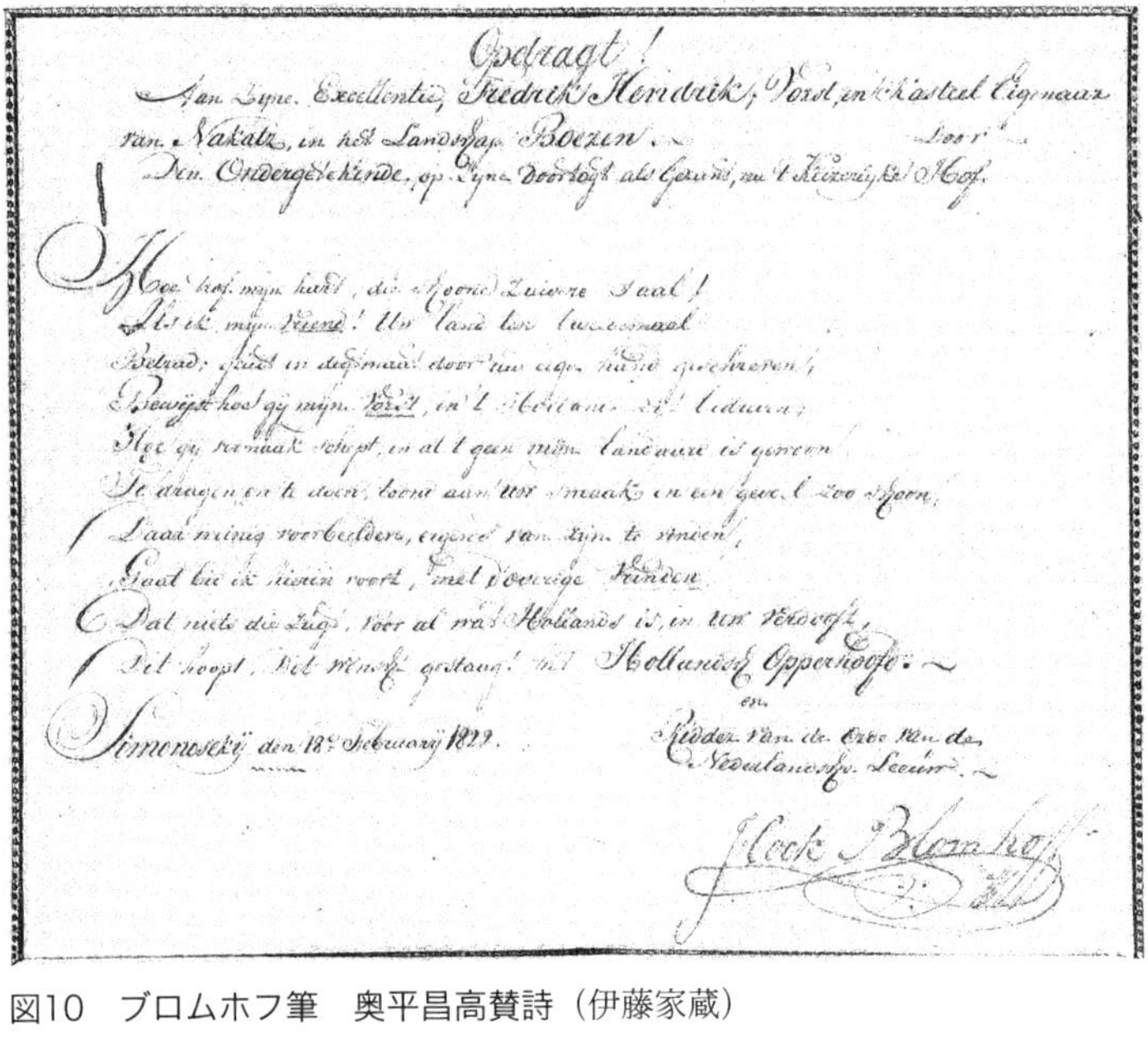

Opdragt!
Aan Zyne Excellentie, Fredrik Hendrik, Vorst, en Kasteel Eigenaar
van Nakatz, in het Landschap Boezen. — door
Den Ondergeteekende, op Zyne doortogt als Gezant, na 't Keizerlyke Hof.

Hoe klopt myn hart, die schoone Zuivere Taal!
Als ik myn Vriend! Uw land ten tweedemaal
Betrad; [illegible]
Bewyst hoe gy myn Vorst, in 't Hollands [illegible]
Hoe gy vermaak schept, in al 't geen myn landaard is gewoon
Te dragen en te doen, toont aan Uw smaak en een [illegible] 't zoo schoon;
Daar weinig voorbeelden, eigene van zyn te vinden;
Gaat bie [illegible] voort, met d'overige Vrinden
Dat niets die Zugt, voor al wat Hollands is, in Uw verdooft,
Dit hoopt, Dit wenscht gestaag, uw Hollandsch Opperhoofd. —
en
Ridder van de Orde van de
Nederlandsche Leeuw. —

Simonoseki den 18e February 1822.

J. Cock Blomhoff

図10　ブロムホフ筆　奥平昌高賛詩（伊藤家蔵）

閣下が手自《てみずか》ら書かれた詩の型が、
閣下がいかにオランダ語を学ばれたかを示している。
わが国の風俗に、なんと楽しんでおられるのだろうか。
着たり、為したりすることに、なんと見事に、好みと、気持ちとを、表されますことか、
ほとんど、どこにも、例を見い出せません。
どうか、この先も、このようにして、ほかの友とご一緒に歩まれますことを。
特にオランダ的なるものを閣下が失われますことのなきように、

絶えず、祈りつつ、オランダ商館長にして、
オランダ獅子に列せられし騎士
ヤン・コック・ブロムホフ
下関にて、一八二二年二月二二日

［附］フレデリク・ヘンドリクとヘンドリク・ファン・デン・ベルフの名は商館長ヘンドリク・ドゥーフによって与えられた。前者は中津の殿様に対して、後者は、いわゆるオランダ宿の一軒の主人である下関の町年寄の一人に対して。その場所で任命されている二人の町年寄の邸は、この言葉に対する通常の意味としての宿屋ではない。

そのうえに、銅製の食卓用コンロすなわち火鉢のヘりに、ここ数年来、江戸参府を行ったオランダ人職員の沢山の名をみることができる。私の調べたうちでは、そのなかの最も古いものは、小倉の宿における一七一六年、J・テーデンスである。他の町年寄ファン・ダーレンの名は、一八二六年に商館長ダ・スチュルレルによって与えられたものである。

（レフィスゾーンの参府日記にもどる。）

出島で、参府のために荷積みされた船は、すでに、今月の一二日にここ下関に到着していた。それで、出立はいくらか早まる、と予想される。

また、今日、小倉出立のまえに、出島の留主役のP・J・ランゲに対して、若干の命令と、Z・E・Gに対しては小倉到着のことを通知した。小倉から出島へ書信を送ることは、歴代の商館長がしていた仕来り通りのことである。

二月二八日には、逗留している伊藤家のファン・デン・ベルフを暇乞いのために別室に訪れた。ファン・デン・ベルフはわれわれを快く迎え入れ、代々ここに逗留したオランダ参府旅行者が贈ったヨーロッパの品々と衣類を沢山見せた。

彼の部屋部屋には、いたるところに、ヨーロッパの絵画が掛かっており、そのなかには以前の商館長ドウーフ、ブロムホフと妻、ニーマンと、同様にしてシーボルトの肖像画があった。

人々はまたここで、墨で描かれた荒っぽい風景画に出会うことであろう（図11）。その絵の上部には、

山々と谷々は互に決して出会うことなかれども、しかし、人はよく会えり

ヘンドリク・ドウーフ

と認められている。絵の下部には、

J・F・フェイルケ

一八一四年下関において

とも書かれている。

同様にして、ヒポクラテスのすばらしい絵が掛けられていた。その下部には下のような詩句が読み取れた。

われわれは、われわれの全生活においてヒポクラテスに従い、そのあとを歩む。

図11　フェイルケ筆　富嶽老松図（伊藤家蔵）

われわれは、彼に創始者としての名誉を呈したい。
彼は基礎を築いたのである。
われわれはこのことで彼に感謝する。

この詩句は、私が前の下関町年寄ファン・デン・ベルフをここに訪れたとき書き留められたものである。

ペー・アー・ビク

下関、一八四四年一月二〇日

私とドクトル・モーニッケから老ファン・デン・ベルフに対して、また彼の息子と幼い孫に対して、なにがしかの贈物がなされ、それに対し、果物・野菜・卵などがお返しされた。

私は上検使の水野鉉太夫と、古参の下検使池嶋七郎太夫、および二人の通詞小川慶右衛門と岩瀬弥七郎に対して、バタビアの総督府から参府のために送られてきた金と銀の時計と金渡金のケース付鎖を贈り、残りの下検使二人山本得三と嘉次郎および慶十郎という大通詞慶右衛門の聟にもなにがしかの贈物を贈った。

この日、天候が大変わるく、雨だったにもかかわらず、昼食をすませたあと、阿弥陀寺訪問を主張した。上検使は最上の友交的方法で、私たちを款待し、金時計と金鍍金の鎖に対する感謝の礼を表したあと、「精神的将軍の安徳天皇の記念のために建立された建物」である阿弥陀寺へ案内した。

七歳の子供としての木像が、信心深い信者の尊敬に役立ったために、そこに安置されている。

この寺は、おまけに、古い日本の歴史上の出来事に由来している日本風の沢山の絵を誇っている。

この寺に、一八二六年参府の機会に、商館長デ・スチュルレルと彼に同伴したオランダ商館員によって、九州と日本（本州）を離すところの海峡に対してファン・デル・カペレン海峡と名がつけられたという記念の、金縁額の中にとってもきれいに表具された一軸が掛かっていた。

その軸には次のことが書かれている。

その上に、これファン・デル・カペレン海峡と呼び声をかけるオランダ東インド総督ファン・デル・カペレン男爵の紋章。

この海峡の名を授けし政庁は、われわれに生きる使命を豊かにもたらす。

ドクトル・フォン・シーボルト

将軍府への大使

司令官ダ・スチュルレル

ドクトル・フォン・シーボルト、H・ビュルヘル、ドクトルフィロソフィー

阿弥陀寺にて、一八二六年二月二四日

私たちは寺の広い別室に導かれ、一人の僧に迎えられた。僧は、そのどれもがこの寺の所蔵である、いくつかの古い物を示した。

長い巻紙を解いて見せられた。代々の天皇からこの寺に贈与された特権が記載されたもので、僧は、一つ一つ読んでくれた。しかし、それを、私は理解できなかった。

次いで、数冊の古い本が見せられた。説明によると、著名な名前のいろいろな記載、数行の道徳的な詩文など

がふくまれているものであったという。最後にはこの寺を訪れた人たちである身分の高い人びとの名前綴りが見せられた。

そのほかに、珍しい物として、次の三つをあげておかなければならない。

第一、少なくとも、うえについている錆《さび》で、とても古い時代の外観である剣と刀。僧はそれについて次のような歴史を物語った。

彼の計算によると、現在六六五年以前のことであって、宗教上の将軍である七歳の子供であった安徳天皇が敵軍のために遁れて海上に在られた。

下関から程遠からぬところで、敵の手に落ちるという危険を遁れることができなくて、彼の看護をする乳母がこの天皇をつれて船から海に投ずる勇敢な決定をした。

中納言で逃げる天皇の忠節な従者である能登守は、彼の天皇を救うために、すべての方法を無益に試みてから、断念して彼の君に次いで波の中にとびこみ、主君とともに溺死した。

その後、遺体は拾い上げられ、下関で葬られた。そして、墓のそばに阿弥陀寺が建立された。

屍体とともに、天皇の剣と臣下の刀も葬られた。われわれに見せられたものはそれであって、それは現在遺品としてここに保存されている。

第二、小さなビリヤードボールの形をして、およそ直径は一ダイム半（三・七五センチメートル）、それに直径一ダイム（二・五センチメートル）余の大きさと、約三リエン（約六ミリメートル）の厚さの水晶の円盤一枚、いずれも、とてもきれいに磨かれている。

　僧は、それを、太陽の象徴として、ヒトリノタマの名のもとにある玉は、すなわちそれは火を与える石である。そして、円盤は月の象徴としてで、ミソトリノタマの名で、それは水を与える石である。どちらも、この寺に対する、もっとも名高い日本の世界的将軍である太閤様からの贈物であって、彼が持っていた遺品として、ここに保存されている。彼が着ていたであろうといわれているマントについている、しばるひもという四本のひもが見せられて、これもここに保存されている。

　最後に、

第三、一対の面、ジャバのトッピング（ジャワの仮面トペンのこと）とは一寸似ていて、その上に、厚紙で造った稲荷の型をわれわれに見せながら僧が話した。これらの品々は、大昔の時代に、天皇の所有に属していた。それで、舞踊のときに用いられ、彼の娯楽として使用に供された。

3　瀬戸内の船旅

　下関で船旅の準備をしながら、風待ちをする。潮汐をよみ、風をとらえて帆をあげる。

室もしくは兵庫までの船旅を、われわれオランダ人は「Water《ワーテル》 reis《レイス》 水の旅」と称している。

室の港に着いた。

明日、室で上陸して、そこから陸路の旅をするために、私は古い習慣にしたがって、大いに船酔いをしていることを申し出なければならなかった。さもなければ、兵庫まで船で行かねばならないであろう。その旅も、とても難儀で、不快であるといわれているからである。

参府一行は、下関から兵庫まで船旅をすることが規定されていた。しかし、われわれオランダ人の申し出によって、室で上陸することも許されていたのである。難儀で不快な兵庫までの船旅を嫌い、室からの陸路を望んだのである。

われわれは三月五日（正月二十二日）、弱い微風と、適した潮によって錨をあげた。これから、しばらく船旅である。

朝七時に抜錨、下関から二里のところにあるタノラ（Tanora）村の前で錨をおろし、飲料水を補給、午前十時に錨をあげ、良風を得て帆走。翌六日早朝、向い風のため、上ノ関と室津の村の前で投錨、飲料水を補給した。下関からここまで三十六里の行程をこなした。

上ノ関村で立派な寺院を見物、僧から鄭重に款待され、村長のところでも鄭重に迎えられ、款待された。船の甲板で昼食をとったあと、室津村へ行き、寺院を見物、茶店で数時間、私の費用持ちですごしたあと、晩に帰船した。

こんな遊覧にもかかわらず、私は少しも元気でなかった。七日も向い風と、悪い状態の潮のために旅を進めることができず、大変飽きてしまった。健康状態もよくならない。

三月八日は、朝八時くらいに錨をあげ、三十艘の船によって、午後四時に家室村の前で投錨するまで曳かれた。

曳船は互に交替した。曳航されるあいだ、折々に竹笛の相図で、村々と島のあちこちから、婦女子を乗せた見物船があらわれた。家室村の前はこれらの見物船でいっぱいであった。

ドクトル・モーニッケは到着のちょっとあとで、小通詞の弥七郎を同伴して岸へ行ったが、私は絶え間ない咳と胸の痛みで、同行することはできなかった。

九日も朝四時から、多数の船に曳かれ、昼十一時に島と津和村の前に、ちょっとの間錨を入れただけで再び曳かれ、晩の八時半すぎに島と蒲刈村の前に投錨した。

この日の午後、岩礁の近くで、沢山の、異常に大きなアシカをみた。海峡に住む住民は、絶対、捕ったり、殺したりしてはいけないという迷信をもっていて、これらの海豹が船の前から逃げたり、怖れたりする様子はなかった。ドクトル・モーニッケはこの動物を欲しがって、一匹あたり二〇テールを約束した。

一〇日も、朝の二時から曳かれた。蒲刈から七時に、御手洗村の前に投錨するまで曳かれた。飲料水と食糧補給のため、この日は御手洗にとどまらなければならなかった。

昼食後、きちんとして目立った一寺と美しい防波堤と石の燈台のある御手洗村を見物した。村の年寄の家で、私の支払いによる非常に楽しい酒宴に出席して、晩の七時半すぎに船に帰った。

一一日は、好適な風によって、朝六時に錨をあげたが、九時に凪のため帆をおろさなければならなかった。午後はずっと曳航され、そのあと、順風によって帆走。夜中走り続け、一二日の朝九時にシモジ村に投錨、水補給したあと、午前十一時に再び帆走、晩の七時半に室に着いた。昨日朝の御手洗村から室まで五〇里の船行であった。

4　室―大坂―京の旅

三月一三日の朝八時に室に上陸、町年寄の家に宿泊が指定された（図12）。船酔いを理由に、兵庫までの船旅をやめて、室で上陸したい願いが許可になったわけである。

とはいうものの、私たちは、着いて間もなく散歩に出かけ、見物してまわった。口実を設けての上陸であったが、実は元気だったのである。

二・三の神社や寺をまわったあと、つぎのような墓を見物した。

さらに、もっとも愛らしい、きれいな婦人であったという日本人傾城であったムロギミ Moero Gimie の墓（スンジ Soenzie 寺近く）を見物した。その人は、いまから三〇〇余年もまえの日本で最初に淫蕩を公の商売にすることを発明し、そして、その状態で、老齢になるまで、幸福に豊かな生活をしていた。

初めて訪れた日本語のできない私が、見物によって、このような詳しい説明を書きつけることができたということは、よく知っている日本人が、案内して、オランダ語で説明したことを示している。同行の江戸番大通詞の小川慶右衛門や小通詞岩瀬弥七郎が、案内にたった土地の人の話を通弁してくれたからである。

彼女は、彼女の足跡を追って、金のために抱擁を与えるところの、全ての女性の守護神である。この女性た

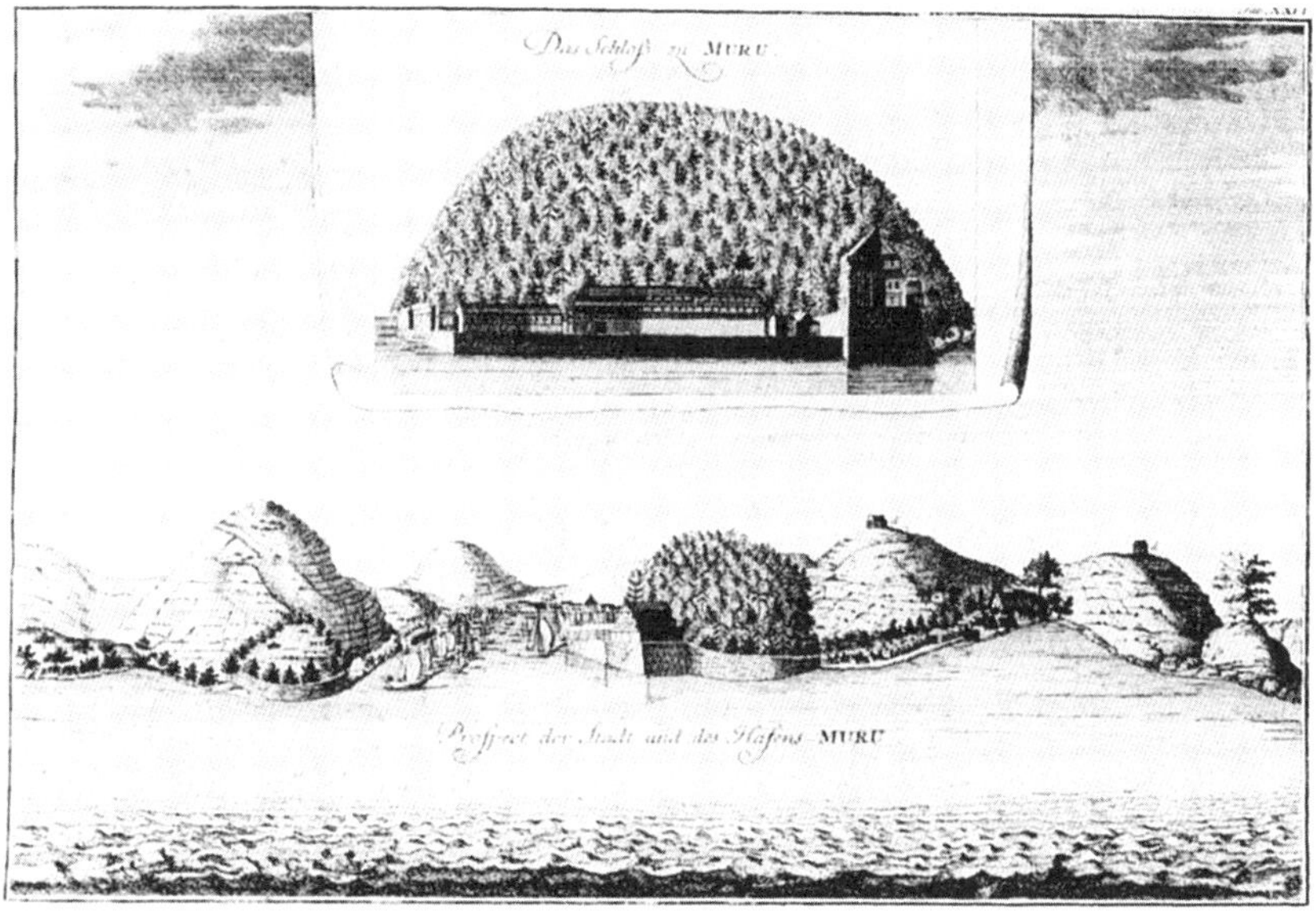

図12　室の港（『日本誌』より）

ちは都合がつくかぎり、出来るだけ、一年のうちの定日に、ここに巡拝に来て、彼女の墓に供物を供えることをおこたらない。

〔著者注〕「ムロギミ」というならは「室君」ということになろうが、説明のような墓ということになれば、浄運寺の「友君」の塚のことであろう。

室の港はそんなに大きくはないが、四周を高い山で守られた一つのお椀型をしているので、どんな嵐に対しても安全である。室は天然の良港である。

この街はこの湾に向かって環状型に出来ており、幅よりも長さにおいて、より長くのびている。海岸に沿って、同型の、多分、海水に対する護りとしての頑強な石造りの壁がある。

そして、この街は、およそ五〇〇〇人の住人で、そのうち二十人以上はいない傾城がいるとのことである。これは、他の日本の海岸都市と較べて、住民の徳性に由来するのであるという、いい推察をさせる。

この街は、ここに住んでいる沢山の皮革業者と、そして、ここで手に入れることのできるいろいろの種類の皮革とで、有名である。そこで、この街の記念品として、ここで作られた皮革製品のいくつかを買った。

三月一四日、朝六時すぎに室を出発、この日は午後三時に姫路に着いた。姫路城のあるかなり大きな街で、ここでは室よりも、もっとよい皮革職人が住んでいるということで、いくつかの皮革製品を買った。道中では人びとが瓦を焼いたり、造ったり、忙しく働いている様子もみた。

献上物をはじめとする沢山の荷物は、早朝、室出発の際、内通詞格の加悦藤七の先導で、これまで乗ってきた船で大坂へ向け送られた。

三月一五日、朝六時半に姫路を出立、一時間ほどして小船でかなりの幅の河を渡った。案内されたいくつかの寺に立ち寄り、見物しながら旅をすすめ、午後四時半、宿泊地加古川村についた。七里の行程であった。

この日の見物で最も印象にのこったものは相生の松と、高砂と呼ばれる、箒をもち、松の木の下に立つタマンとその妻の長寿の像であった。

最初にスノ神道寺を見物した。それで一番珍しいことは、庇の下に、棚で囲われて、一つの扉で閉められて、保管されていた、とても古い松の遺物であった。

それについて、われわれにされた話によれば、この木は現在一〇〇〇年余も以前に、タマンという人によって植えられたものである。その人は、ここで、彼の妻とともに高齢まで生きていた。そして、彼らの死後、聖人とみなされた。夫妻は高砂の名のもとに、日本人によって、結婚の守護神としてみなされ、松の木の下に立って、いずれも箒をもつ長寿の姿で表現されている。

スノ神社はこの聖人で神々しくあり、そして、この寺の僧は本源の木の種とか、挿木によって、常にこの木の正統な子孫の保持を世話している。

次いで、高砂へ行った。これは、上述の結婚の神に由来する同じ名の村である。そして、一つの寺が同じ名をもっていた。

この寺もシントウ派であって、見物にいった。そのなかで、もっとも珍しい物として、見せられた物は、タマンとその妻の高さおよそ一八ダイムの木彫である。

この木彫は小さな寺院の形をした閉ざされた箱のなかに預けられていて、僧はこれを開けるまえに、それに対して、下の方へ膝を曲げ、拍手二打ちを二度くりかえし、そのうえに、彼は黙禱をした。

彼は、数個の松材をみせ、おごそかに、これはタマンによって植えられた木の正真の遺物であると、いった。

高砂神社境内にある黒松と赤松が自然に合着した相生の松（図13）。住吉の松と高砂の松が夫婦であるという伝説。見たり、聞いたりして、ここに書き留めておく。

私は、いくつかのこれらの伝説について、前述の僧から、木版刷りのこの話の日本語での説明をいくつかもらい、お金でお返しをした。

僧の説明を聞きながら遺物を見て、通詞から通弁してもらい、求められた木版刷説明書を訳してもらって、興味深く見物した。だから、とても時間がかかった。

三月一六日は、兵庫まで十里の道をこなすために朝五時の出立であった。

図13　高砂　相生の松（“The court journey to the shōgun of Japan by Jan Cock Blomhoff”より）

ブロムホフが参府したときにも、同様の見物をして、同じ木版刷説明書を手にしたことは、現にオランダのライデン国立民族学博物館に「播州高砂　相生連理霊松住吉図形」と題した図一枚と、「高砂相生松略記」と題した解説一枚と、計二枚が保存されていて知ることができる。参府道中における経路と、案内や見物先はこのように、すっかり習慣化していたものと理解できる。

三月一七日は朝六時半に出立、十二時に西宮に到着。道中はたえず海岸に沿って、砂地を進んだ（図14）。兵庫と西宮のあいだで、ほとんど酒造家しか住んでいない、とても広い村を通った。気付いたことは、人々が、一つは前に、どの側にも一つの、計三つの幅の広い車輪のついた荷車の一種を使用していることであった。

西宮近くでは「えびす」すなわち魚師の神と商業の神が祀られている寺を見物した。

三月一八日、参府のたびにでて、第二十七日目、西宮を発ち、尼崎を通過、三つの川を越え、最初と二番目の川は小さな舟で、第三番目の川は、大坂市の入口のところで、六八〇フィートの長さの珍しいきれいな橋を渡った。

大坂から一里はなれたところで、およそ半時間待った。その間に、人足は威儀を正して

図14　川原慶賀筆　江戸参府行列の図（“The court journey to the shōgun of Japan by Jan Cock Blomhoff”より）

市に入るために、きちんと着がえた。

その間、私は大坂で泊るであろう宿屋の主人長崎屋為川住之助の訪問を受けた。歓迎のためにきたもので、これも仕来り通りのことである。

大坂の宿には午後五時半に着いた。五里の行程であった。

大坂到着直後、上検使の一時的な滞在のためには決して広くはないが、調度された銅座会所の事務室の中で、私は、上検使とほか全部の同行職員と残りの従者から、大坂到着の機における祝賀を受けた。

大坂の阿蘭陀宿為川住之助は、輸出棹銅を扱う銅座会所の役人の顔をもっていたのである。

私はモーニッケを伴って、上検使の部屋へ行って、大坂到着の祝儀を呈したあと、およそ八〇万人の住んでいる著名な大坂市を眺めるために、家の物干場に出た。

大坂の阿蘭陀宿・銅座の二階の物干場に出て大坂の繁唱振りを見物するのも例年のことであった。

夜には、十五歳の息子乙次郎をつれて歓迎の挨拶にきたミアコの阿蘭陀宿海老屋の主人村上等一の訪問があった。阿蘭陀宿の主人は必ず一つ手前の宿まで歓迎の挨拶に出向き、自分の宿に一行到着の際の手

図15 「銅座の跡」碑（片桐一男撮影）
銅吹所が営まれていた内淡路町から程遠からぬ北浜の今橋通り、愛珠幼稚園の正門のかたわらに「銅座の跡」の碑が立てられている。碑には「近世銅の精錬と売買はこの銅座で總括していた。銅座の制度（第三次）は明和3年（1766）から維新まで続き、明治13年その跡に愛珠幼稚園が設けられた」と刻まれている。

配や予定について打ち合わせを行うことを例としていた。

息子の乙次郎が一寸まえに、長崎からもたらされた牛痘を注射されたことを知らされた。その牛痘の日本輸入に依頼を受けて尽力したのは、ほかならぬ、私自身であったから、ここに、特に書き留めておかなければならない。

翌三月一九日、大通詞小川慶右衛門は、午前、この市到着を報告するために二人の大坂町奉行のもとを訪れた。午後三時には、作事奉行、将軍の上・下検使、同様三人の会社員を伴った上検使が、私を訪れた。訪問者にはリキュール、コンペイトウ、ワイン、茶。コーヒーが供され、まったく儀礼的な挨拶の交換が行われた。

上検使との間で決まったこととしては、旅の進行が今月の二二日に定められたことと、両大坂町奉行への進物が江戸からの帰路に儀式的に贈呈されるために、ここでは分割され、保管されることとなったことである。

大坂町奉行への進物を分割し、仮り納めしておくことは、日本人の礼儀の運びは、第一の礼儀作法を、奉行にお目通りするよりも前に、将軍にせねばならないことである。

からである。

大坂は大都市で、日本最大の商業地であって、私たちは「文字通り、ここで監禁」されているので、これ以上見物することは許されなかった。これは古くからの「取決め」であって、「帰路にもっと自由が与えられるであろう」という「約束」で自分自身を慰める以外仕方のないことであった。

二〇日は、買うべく申し出たいくつかの品をみたり、買ったり、二一日は出島の補助員ランゲ宛に手紙を書き、明日ミヤコへ旅する準備をする以外、退屈な時間を過ごした。

三月二二日

今朝、五時半に、われわれの宿、すなわち、われわれの大坂の監獄をあとにし、今日は、十一里こなした。枚方村で昼食をとり、晩の六時に、小さな、家のまばらな街、というよりは村である伏見に着いた。

この日、なお楽らくと歩けるミアコから三里よりも離れていない伏見に泊ったのは、大通詞が所司代とミアコの両町奉行に、定例通り、到着について報告する、時間と好都合を与えるためであった。その理由は、まったく日本人の仕来りによるもので、

天皇のいるミアコにわれわれが入る直前の通知をしなければ許されないからで、そしてまた、日本人の間で

の礼儀は、特定の日時を除いて、高官たちに通知をもって迷惑をかけることを許されていないからである。というわけである。通知なしでミアコ入りすることは許されず、その通知は、一方的な通知は許されず、高官たちの都合を伺い、内諾を得たうえで通知を行う、というのが「日本人の間での礼儀」とされているからである。後任者がやがて行う参府旅行に際して、参考となる心得事項であるから、ここに、特に記しておく。

三月二三日、朝六時半に伏見を出立、三里の旅の後、十時半に天皇の在所に到着した。私たちは、そこで、とどまることなく、また見物することもなく、きれいな宿所のなか、すなわちその二階までつれられて、閉じ込められた。

二四日と二五日は、阿蘭陀宿海老屋に出入りが許されている「定式出入商人」によってもたらされた品々をみ、いくつかを買い物したくらいで、退屈な時間を過した。

三月二六日、出島のランゲ氏へ手紙を送る。

大坂でと同様、所司代と両町奉行に対する進物を分別して預けた。

所司代から、江戸への旅を進めるための新しい通行手形（図16）を明日得られることとなった。そこで、これからの旅程を、四月一〇日を目的地到着と設定された。

海老屋の居間には、木の額にはめられた金箔紙の上に貼られた、以前のカピタン・スチュルレルの筆跡が、次のことばをもってかかっている。

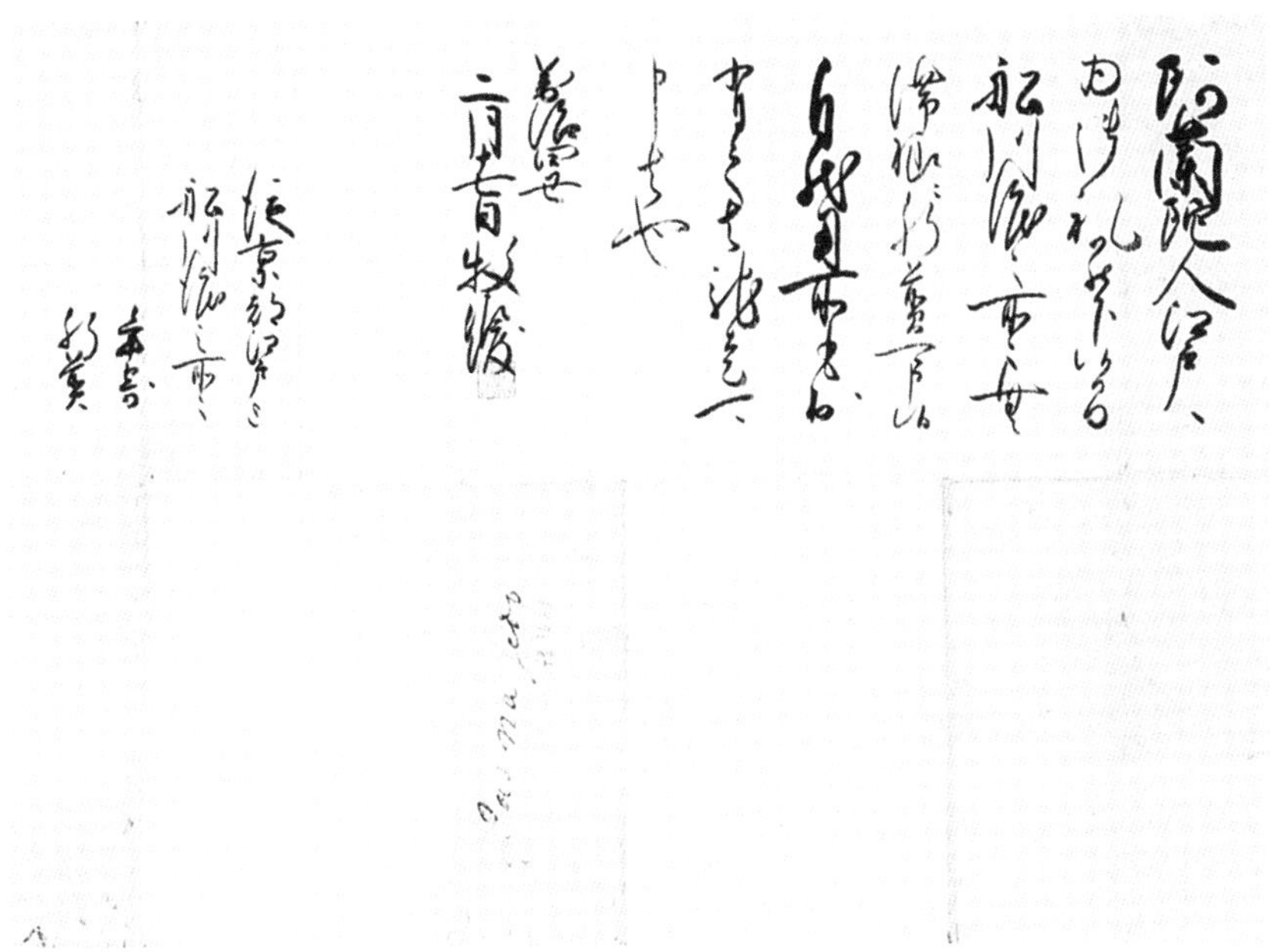

図16　「東海道中人馬幷船川渡証文」（『京都町奉行牧野親成黒印過書』）（オランダ国立中央文書館蔵）

村上進八の家とその家人の幸福と祝福を祈る。

ダ・スチュルレル

大尉・商館長

ミアコ一八二六年六月七日

この額について、海老屋に伝わった『荷蘭額面及び人名帖由来』によると「村上儁八ノ幸福ト甚家宅ノ栄久トヲ祈ル　ヘンドレッキヅーフ」と記されており、一八〇六年二月、京都阿蘭陀館で書かれたものであると記されている。ほぼ同文のものが二点あったということであろうか。

5　東海道――大陸路

三月二七日　第三十六日目、七里

ミアコから一里の蹴上で一時間休憩。海老屋の主人たちはここまで見送りに来た。仕来りにしたがって、見送りの人たちと離盃の小宴に時を過した。

大津を過ぎ、雨に烟《けむ》る琵琶湖の眺めに感嘆、晩の八時半まえに草津の宿に到着した。

三月二八日　第三十七日目、九里

草津から水口を経て土山宿泊り。

この日の特記事項は、梅ノ木村（図17）の腹を柔かくする薬剤を意味する和中散についてである。挽き臼の作業をみる。粉末をちょっと舐めてみる。味はやゝ甘辛い。小さな四角く包まれて、よくきく腹薬として、日本中に売られている。粉を挽きながら、コーラスで適当な歌が歌われている。「与えられた説明」によって、松の讃歌であり、したがって、この木の皮が薬剤の主成分を構成していることを察知した。

梅ノ木村はモクサと火薬の栽培と販売で有名であるという。

土山の宿屋の主人によって、ヨーロッパのものと同様のジャガイモを数個贈られ、出島への帰路に、ある分量をもっていくことができるために注文した。

三月二九日　第三十八日目、十一1／3里

土山を早朝五時出立、関で食事、晩の七時に四日市に着いた。

三月三〇日　第三十九日目、十里

四日市を朝六時出立、桑名で昼食、昼十二時、尾張湾を宮まで船で渡る。四時半宮に着く。

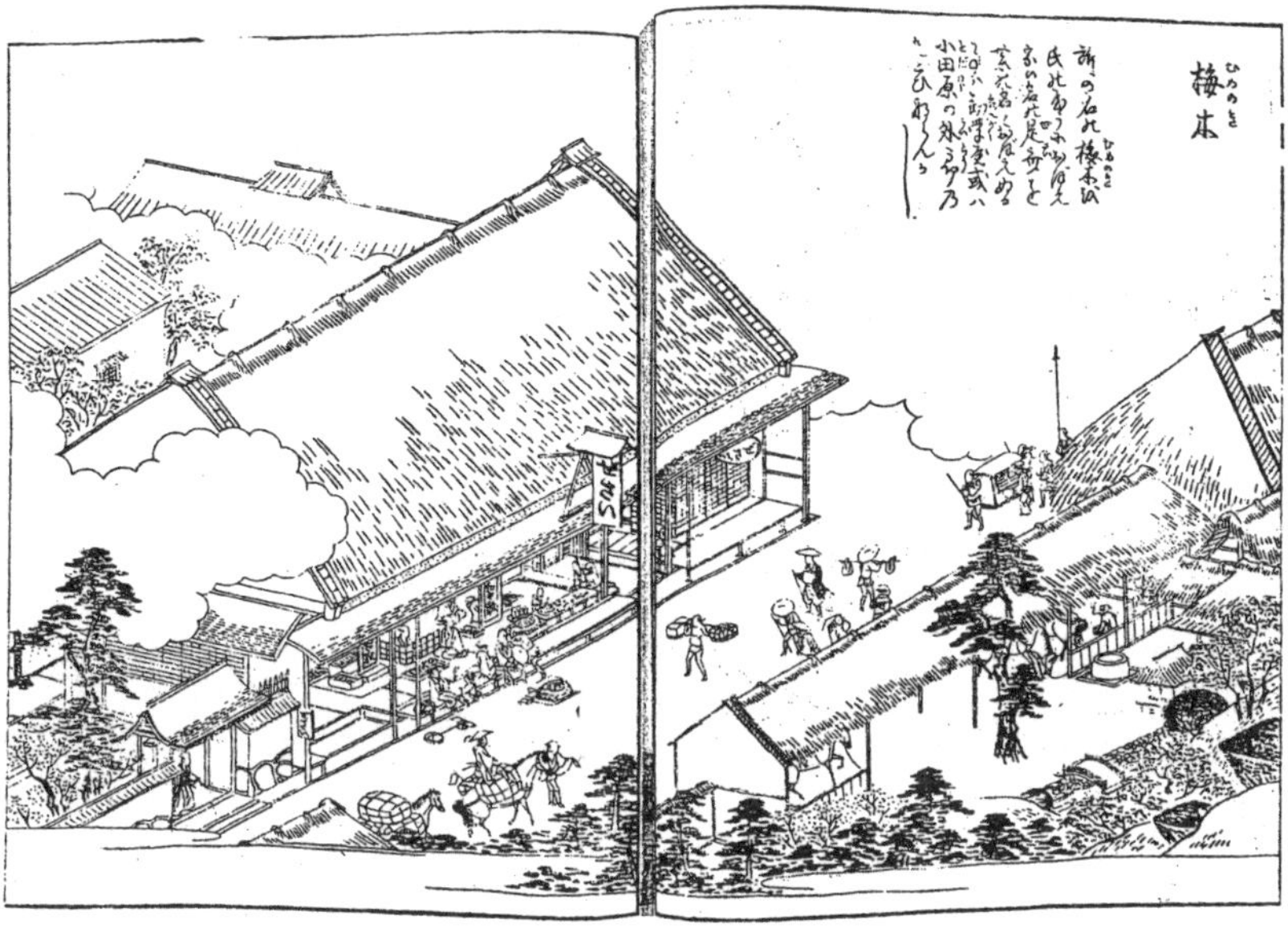

図17　「梅の木」（『東海道名所図会』巻二より）

三月三一日　第四十日目、八里

宮を朝六時半に出立。二里行った鳴海で高級反物屋に行き、商品を見たり、買ったり。さらに二里の知鯉鮒で昼食。午後二時旅をつづけ、五時半に岡崎に、美しい木の岡崎の橋（図18）を渡って岡崎に着き、宿泊。

四月一日　第四十一日目、十二里

岡崎を朝五時半に出立。五条で昼食。晩七時に白須賀に着き、宿泊。

四月二日　第四十二日目、十1／2里

白須賀を朝五時半出立、八時に海に面している新居に着いた。土地の領主からの用意された船が碇泊していた。

新居には、江戸への往き帰りに、ここを前進したり通過したりする総ての人や品物を審問す

図18　「矢矧橋」（オランダ国立民族学博物館蔵）

ることに当る将軍の番所がある。婦人の通過は許されないこととひとは言う。そして、領主とその地の長官と妻に、主人への忠誓のための人質として江戸に残る妻が逃亡するのを防ぐために、これは将軍が執行する一つの方法であるといわれている。

禁制品は、その運搬に予め将軍の承認が得られなかった武器である。

われわれの荷物は番所の前にもたらされたが、荷物は何であるかと聞かれただけで検査されず、満足された。新居から舞坂まで、一里の距離である渡航に、一時間半もかかった。

舞坂でまた乗物にのって、篠原村まで一里半進み、そこで昼食をとり、晩の七時に見附の宿所に着いた。

四月三日　第四十三日目、十里

早朝四時に出立、九時半に掛川村に到着。

天然寺を訪れる。オランダ商館長ヘースベルト・ヘミイ

Mr. Gijsbert Hemmijの、木の屋根のある石垣の墓を見物。墓銘の文字は次の通り。

　この下には、いとも高貴なるヘースベルト・ヘミイの亡き骸が眠りについている。高貴なる生涯のうちに、上席商務員であり、日本貿易の商館長であられた。一七四七年六月一六日生れ、一七九八年同月八日死亡、そして、一七九八年六月九日埋葬。

寺を見物。住職は、茶と菓子で款待し、墓をきれいに維持しておくための一二・九テール、すなわち約二〇フローリンを、年々、私の個人的な給料から支払われることに対するお返しとして、お菓子を一箱を渡した。祭壇の上に、燃《とも》された蠟燭とともに故商館長ヘミイの栄誉としての形見すなわち位碑が置かれていた。

昼十二時、日坂で昼食。四時に大井川の手前に来るまで旅を続けた。

大井川の運河について、乗物に、その前に案内人一人をつけた十六人の運搬人を雇った。彼らは川の最も深い処を腕の下まで水につけて行くのである。

　その渡河の仕方について特に記しておきたい。

　特に、ここではっきり記しておかなければならない。そのことはわれわれが川を渡るたびごとに、出立するその岸に、オランダの国旗、その次に上検使すなわち、指揮者の旗をたてることである。それは、われわれが揚がるところの向う側にもたてられる。

　渡河は、それから、大きな号砲とともに行なわれ、全体が賑やかに、不快なことのない見世物として行われた。

安全に大井川の向う側に達した。運搬人が、いくつかの指輪を彼の子供のためにねだったので、快く与えた。五時に島田の宿所に到着した。

四月四日　第四十四日目、七里半

島田を早朝六時に出立。九時に藤枝に到着し昼食。午後四時、安倍川（図19―1）を昨日と同じ方法で渡河。午後五時、府中の宿に着いた。もたらされた見事な漆器の買い物をした。

四月五日　第四十五日目、七里

三時、府中を出立。九時に興津で朝食。道中、全く綺麗な何頭かの馬の行列を含む、大勢の従者を従えた長門の領主に会った。

絶えざる降雨によって、通過しなければならない橋は大変損害をうけていた。高い山を越え、海岸に沿って、晩の五時半に蒲原の宿所に着いた。

府中は駿河城によって有名である。葺を割いて編む、きれいな枝編細工が日本中に普及しており、大概の住民が造って生計をたてている。

図19-1 「安倍川」（「ヨーロッパに眠る日本の宝」展図録より）

図19-2 「天龍川」（「ヨーロッパに眠る日本の宝」展図録より）

図20-1　箱根（シーボルト『日本』より）

図20-2　富士山　（シーボルト『日本』より）

四月六日　第四十六日目、九里

蒲原を朝六時に出立。八時に急流の富士川を小舟で渡って、九時に、日本のどこにおいても名高い富士山の頂上をはじめて見た。岩淵の休憩所で、いくつかの美しい碧玉を買った。十一時に吉原で昼食。晩の七時に三島の宿に到着した。

四月七日　第四十七日目、八里

三島を朝五時に出立、けわしい道に沿って十二時まで登り、同じく谷々に沿うけわしい路を降り、一時に箱根（図20―1）に着き、昼食をとった。

箱根村の出口に、新居の番所と同じことをするためにおかれた番所がある。乗物の扉を半分開かせて挨拶をして通った。これは、ここで必要とされている辞儀である。

下りながら、畑村と湯本において、いくつかの漆器工場と漆器商を訪れ、晩の七時半に小田原の宿所に着いた。

四月八日　第四十八日目、八里半

小田原を朝六時半に出立、大磯村で昼食。藤沢で泊った。大磯と藤沢の間に平塚村があって、小舟で馬入川を渡った。

藤沢村は巧みに造られた美しい貝細工で知られており、まあまあの値段で売られている。

四月九日　第四十九日目、八里

朝六時出立、戸塚、程ヶ谷、神奈川村を通って、晩の四時半に川崎宿に到着。神奈川宿で昼食。ミアコに赴任する勘定奉行と、神奈川と川崎の間で、わずかの供連と一頭だけの馬をつれて領地に帰る唐津の領主とに出会った。

晩に、天文台詰の阿蘭陀通詞吉雄作之丞と立石得十郎が挨拶に来た。同様、江戸の版画売りと飾りの皿職人とが訪ねてきた。

四月一〇日　第五十日目、五里

上検使が、カピタン一行が江戸到着後に、江戸在勤と長崎に赴任している両長崎奉行の役宅に行かなければならない。それらの高官が登城するまえに行っていなければならない。江戸に早めに入るために朝三時に眼を醒ました。

ところが、びっくりしたことに、寝室の障子戸が開いている。私の洗面器を倒し、それを床の反対側の下に投げ出し、衣服をばら撒き、蠟燭は行灯から部屋の外の畳の上で倒されている。夜中に、旅館に夜盗が現れたことがわかった。閉まった後の扉の蝶番がはずれている。家の囲いの障子も開いていた。

私とドクター・モーニッケは下検使と検査してから、大切な書類と品物が入っている書類箱が盗まれていることが判明した。上検使も勘定方も盗難に遭っていた。

この不慮の出来事によって川崎出発は大変遅れ、朝七時より早く出発することはできなかった。海に面した道中に、川崎の宿のうしろで書類箱が開かれたまま発見された報らせが入った。江戸で渡されるということである。その品はすでに江戸から二里半離れている品川の茶屋にもたらされている。私は首都への、ほとんど終りに近い旅を機会にして、品川で酒宴を催した。これも仕来りによるものである。

大変厳重に鍵のかかっていた例の箱は、荒々しく壊されて、全てのものがひっくりかえっていた。なくなった品物は、銀のカシェット、ハサミ、ナイフ、顕微鏡、拡大鏡で、特に案内として持ってきた一八三〇年に故メイラン商館長が江戸参府した日記も盗まれていた。

私は通詞を通じて上検使に、盗品について、しかるべき探索をさせるために、なくなった物のリストを渡した。

このリストが、取り調べにも用いられ、のちのち日本人の諸記録にも伝わっているようである。のち、京の阿蘭陀宿海老屋に伝わった情報には、

かひたん所持之品紛失
小刀壱、鋏壱、銀付之判壱、天眼鏡壱、針付虫目鏡壱、書物壱冊メイラント日記

とある。一致している。数もそれぞれわかり、「銀のカシェット」が「銀付之判壱」であったことも、これでわかる。

道中を一里半つづけて高輪に来た。そこは驚くべき大きな江戸の市のはじまりである。そして、二里運ばれたあと、沢山の見物人に取り囲まれ、午後三時半に、たしか二十日以上も指定される監獄、すなわち大変低い天井とほとんど眺めのない二階屋である宿、長崎屋に着いた。

江戸の道路は大変広く、綺麗な住宅と店が立ち並んでいて、どの通りも入口あるいは門のところに、火事もしくは騒動のときに使用するための鐘付き塔がついている。

第四章　江戸滞在と将軍謁見

1　長崎屋の警備

カピタン一行が定宿とした阿蘭陀宿＝長崎屋（図21）は本石町三丁目に在った。宿の主人は代々長崎屋源右衛門の名で呼ばれている。本姓は江原である。現在、ＪＲ新日本橋駅四番出口を出たところの壁面に史蹟の説明板が中央区の教育員会によって付けられている。

一行到着予定の三日前、すなわち日本暦の二月二十五日に、参府のオランダ人一行を迎えるための長崎屋見分が行なわれた。

昼四ツ時（午前十時）頃より、南町奉行遠山左衛門尉組同心の加藤太左衛門、北町奉行井戸対馬守組同心の高部治部左衛門が長崎屋に出張、普請役の北村勝之助と西村覚内も出張、四人立ち合い、長崎屋源右衛門があらかじめ作成しておいた絵図面と照合しながら、オランダ人が逗留中に使用する部屋部屋の見分が行なわれた。その結

図21　長崎屋源右衛門の署名と印（シーボルト記念館蔵）

図22　長崎屋門出入り改方鑑札。印文「勘」（片桐一男蔵）

果、従前通りで、不取締りの場所もなく済んで、九ツ時（正午）過ぎにお役人たちはお引き取りとなった。そして、到着の前日に当たる二十七日から普請役が長崎屋に詰めることが打ち合わせられた。

　長崎屋の休息所に入って待機する詰め切り役人四人の役務は「門々出入」の改めと、「下々部屋部屋見廻」とであって、すべてにわたって「不取締」のないよう「心付」くことであった。そして、もしなにかあった場合には、蘭人附き添いの検使から普請役に報告、指示を受ける定めであった。普請役は「先格」に従い判断するが、先格も無く、決定し難い場合には勘定所へ報告、指示を受ける。町奉行組同心の場合は町奉行へ報告、指示を受ける態勢であった。いわば、蘭人逗留中の長崎屋危機管理体制といったところである。

　長崎屋源右衛門方の門出入改方には㊍の焼き印の押された「鑑札」が使用された（図22）。詰切役人やその従者などに渡されていた。

長崎屋を訪れる者は、しかるべき役所筋からの「断書（＝通知書）」を所持していなければならなかった。持ち込む品については「品書（＝持ち込み品一覧）」を作成して持参のうえ、普請役からの改印を押してもらわなければならなかった。普請役は「見届小印」を「断書」に捺し、「押切印」を「品書」に捺して、改めを行った（図23）。

特に、長崎屋の門番人へは「心得方」が次のように指示されていた。

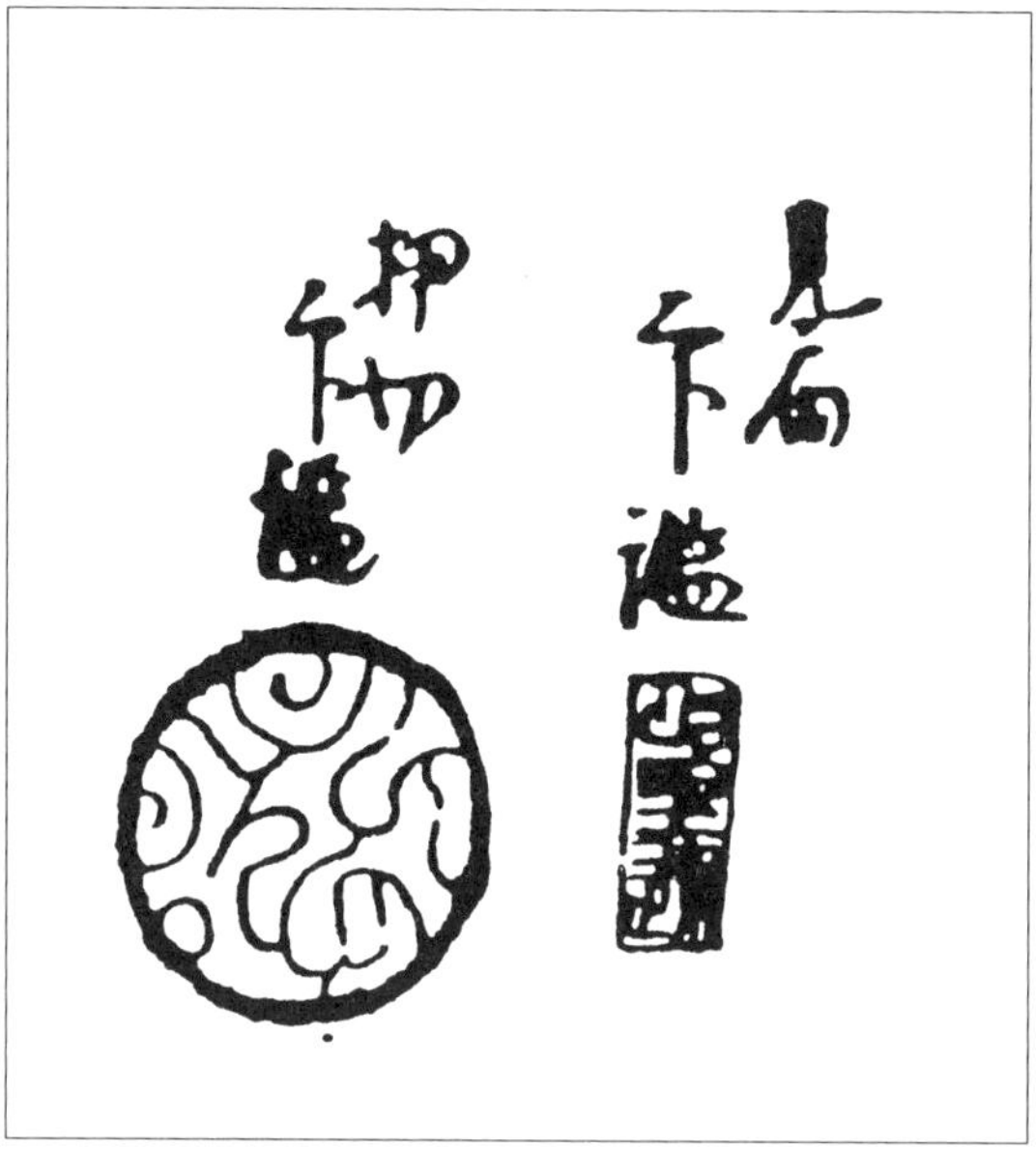

図23　普請役が長崎屋門出入り断書へ捺印した「見届印鑑（印文「万里通」）と「押切印鑑」（片桐一男蔵）

一諸向よりの「御使者」の来訪に対しては、「開門」をする。ただし、門外で駕籠から下りさせること。

一蘭人二人に対しては、「開門」のうえ、「門内」へ「乗込」ませること。

一附添検使に対しては「開門」、門外で駕籠より下りさせること。

一長崎奉行の手附たちに対しては、検使に対してと同じ。

一長崎から同行してきた通詞、触頭、町使に対しては、「開門に及ばず」、門外で駕籠より下り、「潜門」より出入りさせること。

本石町の名主孫兵衛に対しては、次のような「心得」が達せられていた。

一長崎屋源右衛門方の「表裏」とも「町内火の廻」りの際、近寄る者があったら、見掛け次第、制すように。

一近火・遠火でも、風筋次第で知らせるように。

前日の二七日、昼九ツ時（正午）に加藤太左衛門は町奉行所に出向き、長崎屋に今夕より詰め切りのことを報告すると、町奉行から直々に仰せ含められることがあった。そのことは年番の仁杉八右衛門にも伝えた。そのあと、高張提灯、青縄、手持提灯を年番方より受け取り、掃除の者に持たせ、夕七ツ半時（午後五時）出宅、高部治部左衛門と同道して長崎屋に出向き、普請役の北村勝之助、西村覚内両人も来ていて、四人一同に詰所である休息所に入った。詰め切りの番に付いたということである。召仕の市兵衛も控えについた。普請役の使用する「見届判」と「印鑑」の用意もできて、一切の準備が整った。

嘉永三年（一八五〇）のカピタン・レフィスゾーンの江戸参府で、一行が江戸の定宿、阿蘭陀宿の長崎屋に逗留したのは二月二八日（四月十日）から三月二三日（五月四日）までの二十五日間である。

レフィスゾーンの参府日記と、長崎屋に詰め切りで警備に当たった加藤太左衛門の勤務日記と対照して見ることができる。江戸参府に関して、このような日蘭双方の、同日の日記を対照し、比較し、補完し合えることは、かつて無い好例である。他の新出の警備史料とともに注目に値する。長崎屋関係資料が一切失なわれ、研究の進展をみなかった現状を思い、この二十五日間は、概ね日付を追ってみていくことにしたい。双方の日記の記述は、加藤の警備日記の方がレフィスゾーンの日記よりも断然詳しい。よって、ここでは加藤日記を中心にレフィスゾーンの日記を突き合わせ、カピタン一行が江戸滞在中の様子を再現してみることにしよう。

二月二八日（四月十日）

本石町名主孫兵衛代を呼んで、長崎屋の最寄そのほかのことについて注意が与えられた。

昼四ツ時（午前十時）ころ、両長崎奉行の家来が蘭人見届けのために長崎屋に来て見分。詰め切りの普請役両名、同心両名も立ち合った。

長崎役所目安掛で書物改方の田嶋卯之助が帰ってきたことを、長崎屋の手代音八が知らせてきたので、身分柄、奉行所からの出張役人にも聞き合わせたうえで、開門には及ばず、潜門より入れる取り計いとした。

昼九ツ時（正午）に名主孫兵衛が挨拶に来た。

夕八ツ半時頃、蘭人到着につき、「御届」を名主孫兵衛の代元助へ話し、両町奉行へ届けを行なった。この八ツ半時頃（午後三時頃）はレフィスゾーンの日記に「午後三時半」に宿に着いたと見えていて、日蘭の記述は一致している。

途中の見廻りについては、南町奉行側の者は小林藤太郎と栗の市平が、北町奉行側の者は新嶋伝之允と持田勝助が当たった。

レフィスゾーンは長崎屋詰め切り役人について次のように述べている。


「晩の、およそ六時に、両長崎奉行の二検使が、同様、宿において、われわれの江戸滞在中、警備に当る二人の当番と、将軍の下検使二人、更に上検使が、私を訪れた。だから、現在、長崎から一緒に来た検使を含めて、ここで八人の士臣によって見張られている。」

ここに言う「八人の士臣」とは、すでに登場している

南町奉行組同心　加藤太左衛門
北町奉行組同心　高部治部左衛門
御普請役　北村勝之助
〃　西村覚内
長崎奉行家来　齋藤大之進
〃　寺田佐左衛門
長崎からの上検使　水野鉉大夫
〃　下〃　白井辰之丞

に附合し、日蘭の記録はここでも一致し、矛盾していない。

「次いで、到着の通詞そのほかの者たちが次つぎに挨拶にきた。」

オランダ人には附き添ってきた荷物宰領や六尺たちまで泊めるほど長崎屋は広くない。そこでこの者たちは近所の宿に下宿させなければならない。そこで、宿屋を呼び寄せて不取締りのないよう申し渡した。

この日、駕籠四挺、そのほか「門出」の改めがあった。「押切」と突き合わせのうえ差し出したが、そのほか

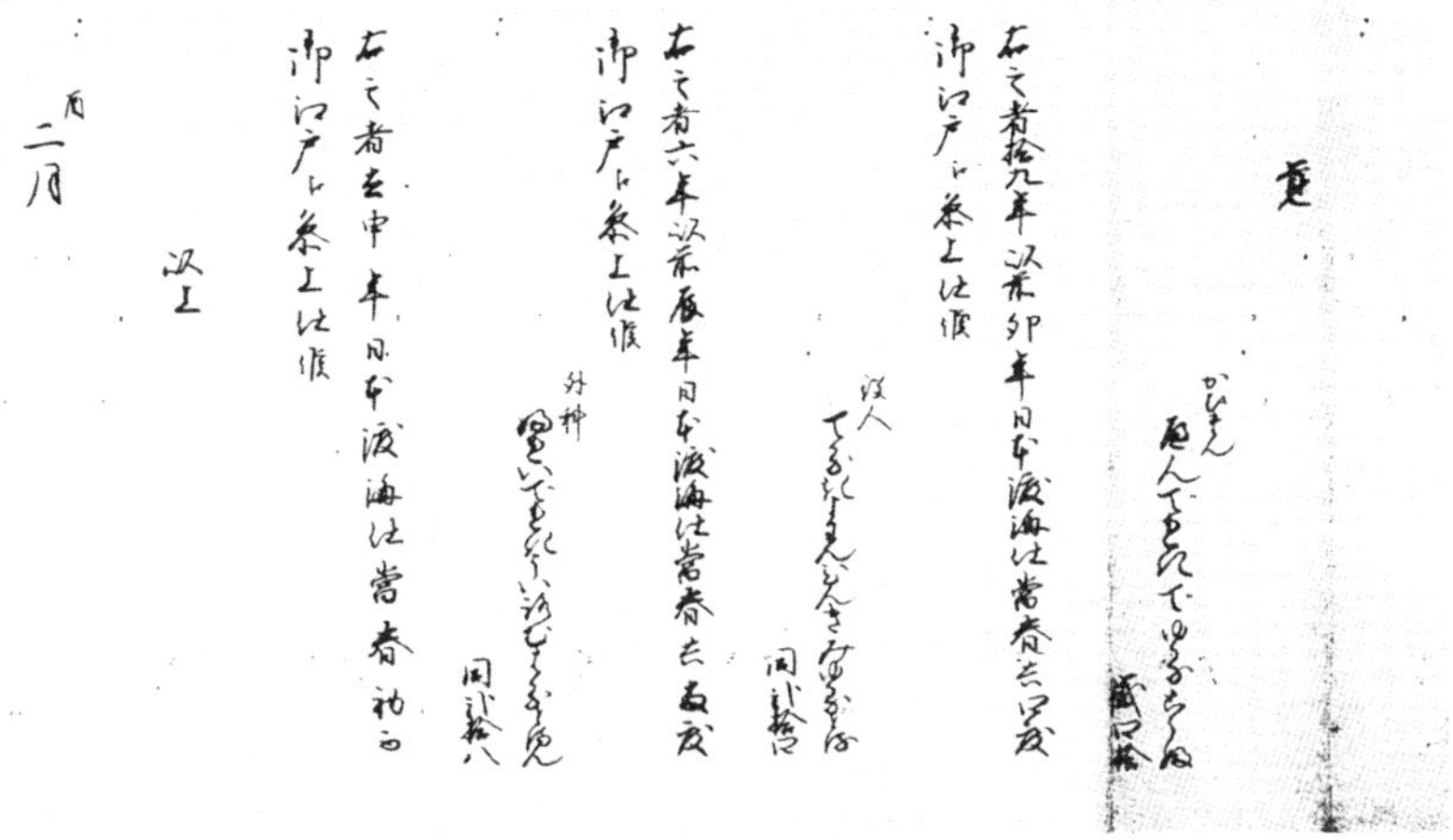

図24　「阿蘭陀人名歳書付御控」（片桐一男蔵）

の門出しは同様のことであって、加藤日記は「以下略す」としている。

長崎屋源右衛門の手代、そのほか門番など働きの者どもへは「鑑札」を渡し、その名簿を手代の音八が提出した。

夕の七ツ時（午後四時）、長崎からの随行検使水野鉉大夫が蘭人一行到着の御届けのために出かける旨の申し出があり、同人の帰宅までは、検使として、両長崎奉行の家来斎藤大之進、寺田佐左衛門二人が詰めていることとした。鉉大夫は夜の九ツ半（深夜一時）に帰宅。その後、斎藤・寺田両名は引き取った。

蘭人の名前書が長崎屋の手代音八より提出された（図24）。

一《かひたん》よふせふへんりいれいそん　五拾才
　此かひたんは廿二年程以前本国罷出、右近国所々ニ而島商ひ致し、歩行
　子供四人本国江差置、妻は（下、不記）
一《外科》おつともんにせ
　此外科は三ヶ年以前より長崎表江参居候趣有之

蘭人が面会するということで、両長崎奉行の家来斎藤大之進、寺田佐左衛門、御普請役両人、両町奉行同心両名、検使役水野

鉉大夫に、大通詞そのほかが侍座して、長崎奉行内藤安房守からカピタンへ「遠路太儀」の趣の書付が渡された。一同は、カピタンから肉桂酒、うゐきやう酒に橘の密漬ほか二種でもてなされた。この挨拶の面会は夕七ツ時（午後四時）に二階の対話の間で行なわれた。

このことについて、レフィスゾーンは日記に、

「この地に、当時、滞在の長崎奉行の上検使が、私が無事に江戸に着いたことのために、彼らの主人の歓迎の挨拶を私に述べに来た。」

と記している。日蘭の記録の内容は一致しているが、その書き振りは、双方とも、それぞれ相手の申し出、もしくは仕来りによって、この挨拶の面会が取り行われたように書いていることが、興味深い。対外交渉や交流記事の表現されやすい形というべきであろうか。

夜九ツ時（午前零時）に、長崎屋の門に錠がおろされ、錠は詰め切り同心の預りとなった。

右の時刻過ぎに、各部屋の見廻りが行なわれ、火の用心を言い渡した。案内は手代音八、提灯は小者の市兵衛に持たせた。

この日、天文方詰阿蘭陀小通詞助の吉雄作之丞と、同並の立石得十郎が、蘭人逗留中、この旅宿へ来訪する旨の在府長崎奉行内藤安房守からの「御達書」の「写」を、年番より源右衛門方の詰所に達して来たので、御普請役へも廻した。

長崎屋源右衛門方の家主卯之助が自身番屋に詰めているので、御用のあった場合には、同所へ達しをしたい旨

図25　長崎屋（『画本東都遊』より）

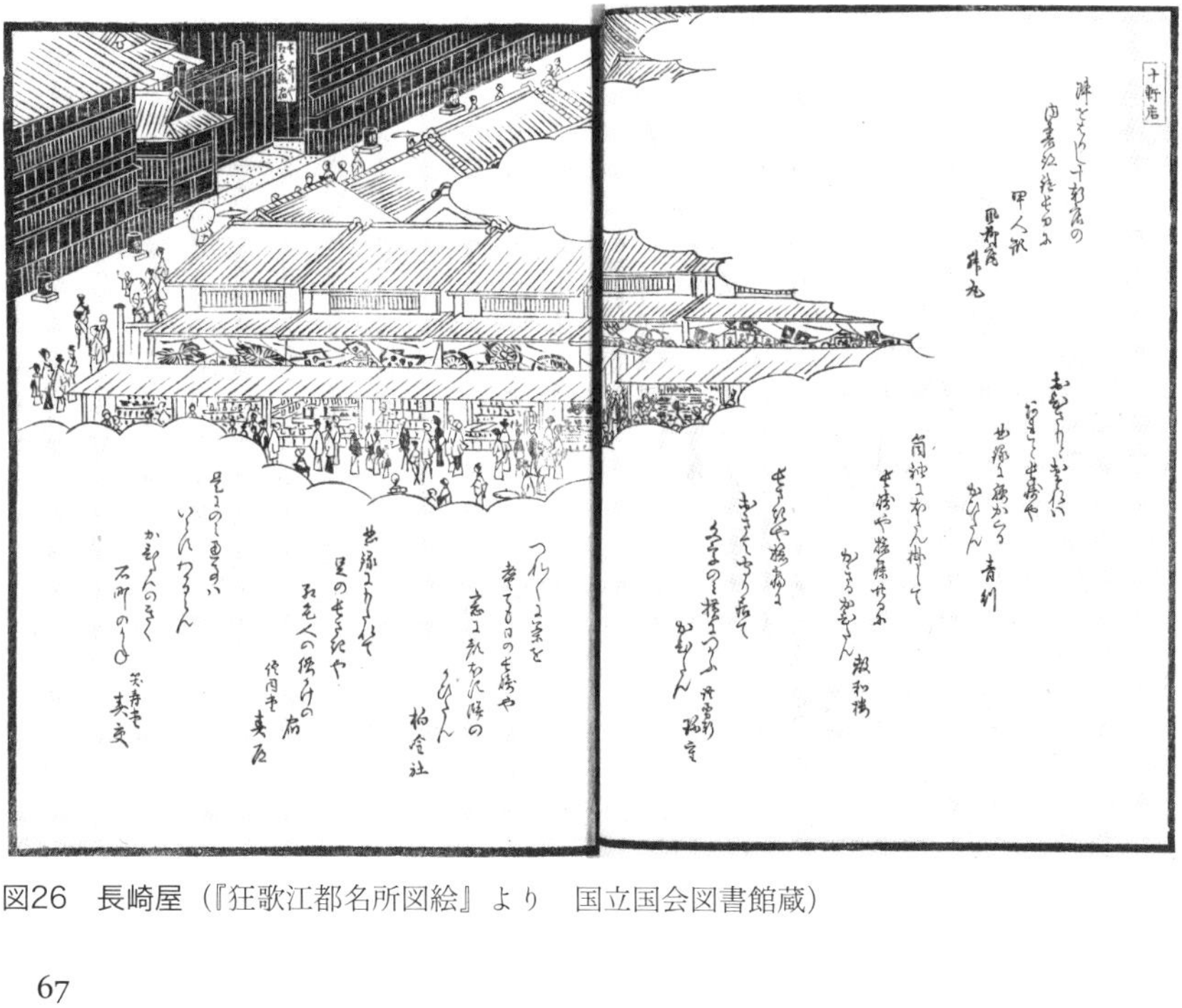

図26　長崎屋（『狂歌江都名所図絵』より　国立国会図書館蔵）

を申し出る。

蘭人逗留中の上下の賄いは、古来より銀四貫五百目に決まっている。二十日以上になった場合には、日々旅籠代は別段に支払われることであった。このことから、オランダカピタンの江戸参府における江戸・長崎屋逗留は、一応、「二十日間」を目途とされていたことが判明する。この規定された「二十日間」の日数を踏まえて版画等が描かれていることがわかる。

レフィスゾーンがこの日の最後に記すところによると、

「われわれが格子窓のすきまに現われるやいなや、われわれを一目みようとしてわれわれのうしろ扉の前に数えきれない人々がみえる。」

と、長崎屋のまわりには、群衆が取り囲んでさぞや賑やかなことであったであろうと思われる。

かくて、長い初日がようやく終った。

二月二九日（四月十一日）
長崎屋の門は朝六ツ時（午前六時）に開けられる。通常閉門は五ツ時（夜八時）である。
名主孫兵衛が代人として利助をよこし無事の報告であった。
小通詞並岩瀬弥七郎のところへ丹後守家来の山崎拾より、「書通」を送ってきたと、門番人からの申し出があったが、「成り難し」と断り、差し返した。

長崎代官高木定四郎の手代のうちから大通詞方へ面会の申し出があると、門番人からの申し出があったが「其筋」からの「達（＝通知書）」が無いので断り、差し返した。

本所亀沢町の医師三宅良斎が「通詞方への面会」の申し出があると、門番人からの申し出があったが「その筋」からの「達」がないので断り、差し返した。

銅座役人のうち大坂の為川住之助が、検使の水野鉉大夫方への面会の申し出があると、門番人からの申し出があったが、「達」がなく断り、差し返した。

オランダ人が諸品を買い入れることについては、天保十五年（一八四四）に規則が達せられていた。商人が品物を持参したら、大通詞と諸色売込人（コンプラドール）が見分し、オランダ人に見せる品を選び分け、リストを作り、詰め切り役人の改めを受けたうえでオランダ人に見せる。返品と売り込み品を分け、返品は返し、売込品はリストを作って提出する、という手順であった。

2　定式出入商人

この日、越後屋より呉服類を大通詞のもとに持参してきた。そこで品改めをして通した。オランダ人が買い調えるリストを作成して提出してきたので、残品は改めたうえで差し返しとした。

長崎屋定式出入商人

	定式出入商人	天保元年の場合	嘉永三年の場合
1	呉服物	越後屋八郎兵衛	越後屋八郎兵衛

2	呉服物	伊勢屋甚兵衛	大和屋甚兵衛
3	献上物台屋	台屋利兵衛	台屋利兵衛
4	献上物仕立屋	仕立屋甚兵衛	仕立屋甚兵衛
5	印判屋（類）	佐々木久兵衛	印判屋　嘉助
6	楊枝はみかき（楊枝歯磨麻苧類）	丁字屋喜左衛門	丁字屋喜左衛門
7	拵屋	岩附屋仁右衛門	中田屋勘五郎
8	紙煙草入きせる	松本屋善兵衛	
9	錦絵屋（錦絵熨斗紙類）	萩原作助	萩原屋　作助
10	はけ小間物（刷毛類塗笠挑灯類）	岩手屋藤八	福見屋半五郎
11	袋物屋（類）	安野屋重兵衛	安野屋重兵衛
12	傘せった類（雪踏）	美濃屋善右衛門	大黒屋吉五郎
13	傘雪踏	伊勢屋平兵衛	伊勢屋平兵衛
14	乗物師（類）	乗物屋吉右衛門	乗物屋吉右衛門
15	鍋釜紙類	大和屋惣兵衛	大和屋惣兵衛
16	きせる屋（喜世留類）	中村屋文六	中村屋文六
17	糸物類	三河屋伊助	亀屋　伊助
18	掛物類	長崎屋平吉	
19	金物屋（類）	釘屋金兵衛	堺屋　庄兵衛
20	箪笥屋	伊勢屋清兵衛	
21	麻苧	丁字屋彌兵衛	
22	蒔絵小道具	綱屋友七	
23	印籠類		綛屋　友吉
24	木櫛類		冨士屋　弥吉

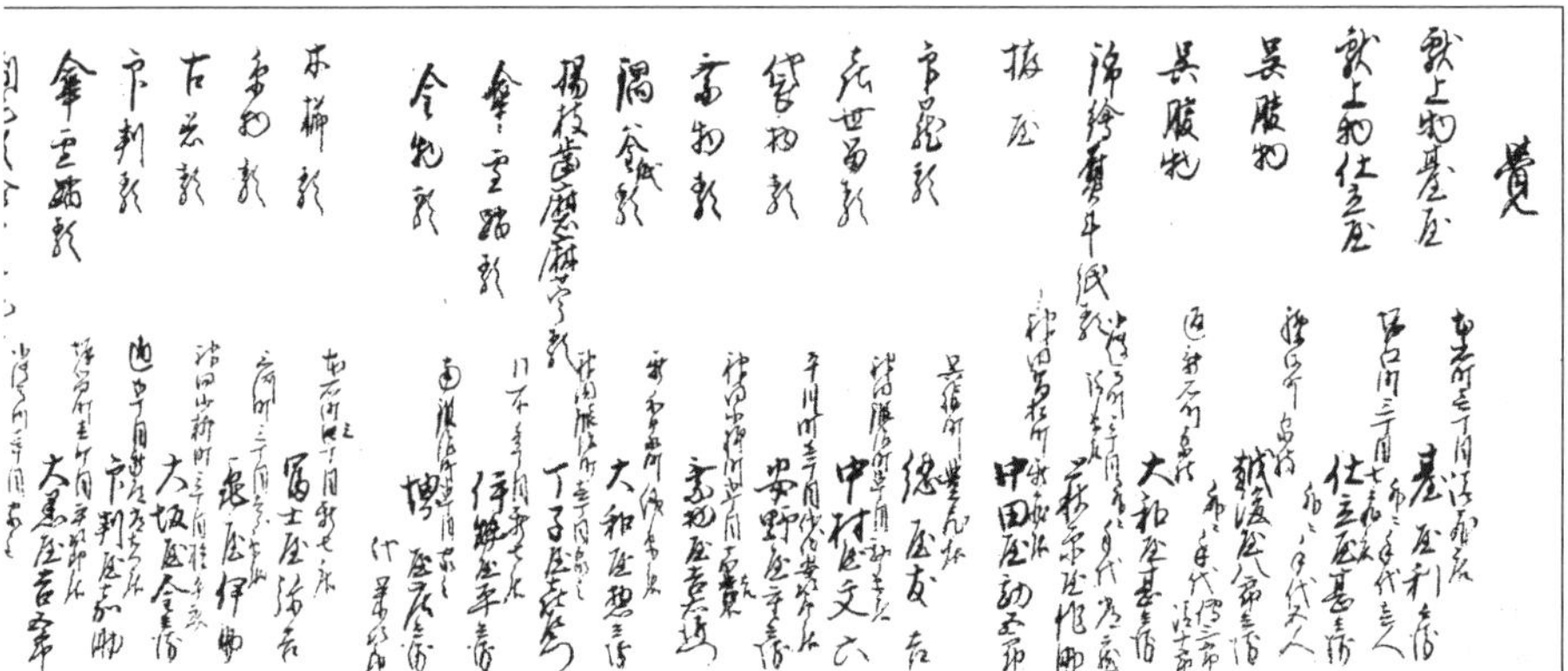

図27　「覚（長崎屋定式出入商人）」（早稲田大学図書館蔵）

25	古着屋	大坂屋　金兵衛
26	足袋類	丸屋　藤右衛門
27	塗物類	高橋屋　善兵衛
28	桐油類	合羽屋　弥兵衛
29	猪口盃	富士屋勘右衛門
30	煙管并袋物類	伊勢屋　弥兵衛
31	団扇類	湯波弥　久兵衛
32	桐火鉢類	伊勢屋　亀次郎

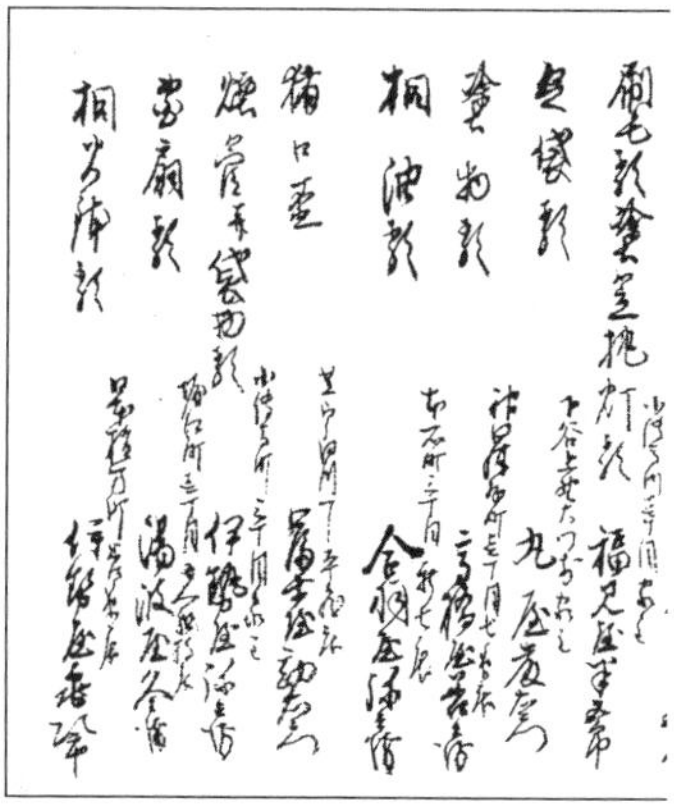

なお、長崎屋に出入りの許されていた定式出入商人は右の通りであった。

昼の四ツ半時（午前十一時）過ぎ、御作事奉行宗門改兼帯の篠山摂津守家来の大岡猪輔が来訪、九ツ時（正午）頃、大目付同役兼帯の堀伊豆守家来の松尾喜作が来訪、さらに蘭人滞留中に来訪する旨の「達」が長崎奉行内藤安房守からきていた江戸城の表坊主河嶋圓節と関圓宅のうち、圓節の来訪があった。これらの来訪者とオランダ人との対談は夕八ツ半時（午後三時）に終り、帰っていった。

このことについて、レフィスゾーンは、

「今日、奉行の第一級と第二級の家老、すなわち外国人に対する事務官と、同様将軍の上級坊主の一人とが私を訪れた。彼らに沢山のリキュール、ユネーバー、ブドウ酒を飲ませ、コンペイトウを沢山食べさせた。」

と記しており、来訪人物、彼我の記録は一致している。さらに続けて、

「江戸で、関係役人の訪問のたびごとに、よからぬ」計画やその他のことを防止するために、警固番人が彼に随行し、私の部屋に居なければならない。そういうわけで、われわれを訪れる誰もを人々は疑う。」

と、わずらわしい警固番人のことを書き付けている。そして、「今夜八時に、私はもう一人の、以前、出島で知っていた、将軍の上検使の一人の御訪問をうけた。」と記している人物は、検使の水野鉉大夫が安房守の屋敷に出向いている間にやってきた長崎奉行手附の福井金平のことであろう。鉉大夫は夜の五ツ時（八時）に帰宅してきたので、金平は同四ツ時（夜十時）過ぎに帰っていった。

3　盗難事件の吟味

レフィスゾーンは、川崎宿での盗難事件に関連して、

「当地の検査と川崎で私が盗まれた品物を見つけるための特別任務を帯びた将軍の上検使が、なお夜おそくに、詳しい説明と見取り図を、随行の小通詞弥七郎に与えなければならなかった。」

と述べている。これは、去る二十七日川崎本陣佐藤惣左衛門方でおきた蘭人盗難事件について、カピタン所持品

のうち紛失品について取り調べ、捕方として小林藤七郎に下命された。そこで、同人が長崎屋においてそのときの様子を聴取したいということで、暮六ツ時（夕方六時）過ぎに来訪された。そこで、詰め切りの御番役人としては、福井金平に打ち合せ、長崎屋源右衛門座敷において、御普請役両人、同心両人、小林藤七郎、福井金平立ち合いのものと、小通詞並岩瀬弥七郎に話を聞き、事件の顛末と紛失品等の絵図面を聞き取って、夜四ツ時（十時）ごろに藤七郎引き取りとなった、というわけなのである。

なお、この日、カピタンたちは倉庫の献上物の点検をはじめたようで、「われわれの旅館に付属している倉庫において、今日、将軍と世子、幕府高官に対する、定められた贈物を開いた。」と記している。長崎屋はこのように大切な献上物を保管する立派な蔵を持っていたのである。

三月朔日（四月十二日）

名主孫兵衛の代理人である利助が異常なしの報告。

カピタン紛失品のことを北町奉行井戸対馬守に報告。寺社奉行脇坂淡路守の家来から長崎屋に寺社奉行見習太田摂津守方へ蘭人訪問の有無について問い合わせがあって、先例によれば無い旨を手代喜八によって回答。

天文台詰通詞吉雄作之丞来訪。

レフィスゾーンの日記には、贈物を倉庫において分類し、織物にブラシかけをしたことと、出島のランゲ氏からの手紙受け取りの記事がみえる。

夜五ツ時（八時）、この日は規定通り門が閉められ、鍵は詰め切り役人の預りとなった。

三月二日（四月十三日）

明六ツ時（朝六時）開門。

この日、レフィスゾーンは、長崎から警固してきた人の良い上検使はじめ、三人の下検使、二人の通詞、書記たちや、上検使の用人たちなどに対するいくつかの贈物の仕分けと手渡しに忙しく過した。

「すでに、江戸到着以来、上検使に、同様、宗門奉行の用人にも、来訪の坊主にも、将軍を訪問する機会が大層すみやかに実行されるように、ここにとどまらなければならない必要が極力長くならないように、催促してきたことであったが、今日も、上検使にこのことについて相談した。

上検使は到着のあとすぐ書類を提出したこと、まだ確定はしていないが、勅使に対して一九日（陰暦三月八日）に謁見を与える事情のために、おそらく、今月の二六日以前には実行されがたく、あるいは三月一五日（太陽暦四月二六日）に将軍のもとで許されるだろう」と、話した。

蔵からオランダ人の荷物を持ち出すに際しては、長崎屋手代からの申し出によって、普請役へも通知し、詰め切り同心が取り計らい、書類を提出した。

随行人のうち、弥吉が不快となったので、本石町の医師下条通春に頼んで、服薬などさせたく、長崎屋内の人参座に断って、連れて行き見せた。御普請役が立ち合われた。注目したいことは、同行・同宿しているオランダ人医師モーニッケに診察してもらっていない、ということである。オランダ人側は信用されていないとみている。

この日も、天文台詰通詞の吉雄作之丞と立石得十郎の来訪があった。

夜五ツ半時（九時）頃、長崎奉行手附の白井辰之丞が来たので、検使水野鉉大夫へ引き合せ、蘭人部屋見廻りを行った。対話は無かったので御普請役の立ち合いはなかった。辰之丞は九ツ時（午前零時）過ぎに引き取った。

このことにより門は両度開閉された。

三月三日（四月十四日）

女の子のための雛祭。どの祭の機会にも、レフィスゾーンは、日本人旅行同行者や召使いから挨拶を受けた。

そして、午前、贈物が仕分けられ、切り出されている広間へ行った。

二人の将軍の上級坊主すなわち川嶋圓節と関圓宅が午後来訪、対談が行われた。

蘭人が調べものをする商人共へ「鑑札」を渡すという知らせが御普請役からあった。

手附の福井金平が来て部屋部屋の見廻り。

弥吉の容躰見舞で下条春庵の弟子が来訪。

オランダ人を見るための人びとの混乱がずっと続いている。たまに、そのなかに、とても綺麗な、ちゃんと木綿を着て装った、そして白いかぶりもので覆われた女大夫もしくは、サミセンを弾いて、物乞いをしている女乞食がみえる。レフィスゾーンは日本で女大夫よりも綺麗な婦人を見たことがないとして絵に描いてもらおうと思っている。

三月四日（四月十五日）

この日のレフィスゾーンは、「今日、昨年長崎でアメリカの漂流人のことにたずさわる係であった上検使の訪問のあった以外は、今日は、ここでは、何も著しいことは起きなかった。」と述べている。しかし、長崎屋においては実際には、いくつかのことがあった。

下条通春が弥吉の見舞いに来た。

手附の白井辰之丞が来たので水野鉉大夫に引き合せ、御普請役の立ち会いのもとで、オランダ人との対話をさせた。

天文台詰通詞の吉雄作之丞が五才になる忰を連れ、立石得十郎とともに来訪した。

片山伊左衛門が御用向きがあって来訪、治部左衛門へ引き合わせた。

川崎宿での紛失品のことで、水野鉉大夫から小林藤七郎に引き合せたい旨の話があったので、御普請役へ打合せてみたところ、立ち合せに及ばずとのことであったので、鉉大夫へそのように伝え、面談させた。内容は御普請役へ伝えておいた。

三月五日（四月十六日）

昨夜、日本の二里の距離のところで火事があったが、たちまち消された由である。「この火災は半鐘で報らされた」、とカピタンはそのことがいかにも珍しいことであったかのように記している。

昼まえ、前述の女乞食すなわち女大夫三人に、カピタンたちが、階下の窓の前、すなわち格子窓のところでサミセンを弾かせ、気前よく報酬をあげた。そのため、この機会に、オランダ人を見ようとする人の群は殊のほか大きなものであった。と特筆されている。

この日、レフィスゾーンは、長崎屋の訪問者とその訪問手続き等について、はじめて気づかされた点があり、また、それに少なからずショックを受けたらしく、詳しく日記に書き留めている。

「晩おそく、私は、なお、当地在府長崎奉行の家来である上検使の一人の訪問をうけた。そして、私は、びっくりしながらこれらの家来の二人が、毎日交替で、私の意見をスパイするため、われわれを尋ねなければならないことを聞いた。

われわれは、ここで、大変な束縛に従った。われわれだけでなく、上検使と同行下検使三人も含め、同行者すべてが全く信用されていなかった。」

したがって、オランダ人が長崎屋に出入りが許されている定式出入商人から買い物をすることについても、

「御用商人は、われわれと個人的に物売りをすることはできず、われわれと一緒に来た長崎からの諸色売込人《コンプラドール》の仲介によって行なわれなければならなかった。」

と記している。随行者の買い物についても、

「下検使三人と、同じ階に居る日本人召使たちも、御用商人たちの訪問を受けようとすることはならず、通詞の部屋で内証で買わなければならない。その通詞は、日中と夜八時までは二人の普請役の知らせによって、将軍の下検使二人によって開かれるのみの入口のそばの階下の部屋に宿泊している。」

と記し、ともに詰め切り役人の厳しい監視下におかれていることを伝えている。

逗留中のオランダ人が長崎屋の中においてさえも厳しい行動制限を受けていることについて、

「最後に述べた召使いの通知以外、われわれはわれわれの部屋すなわち、われわれに与えられたとても小さな区域を離れてはならない。そして、われわれは、一緒に住んでいる、われわれに付き従っている従者をも尋ねてはならない。」

と、その徹底振りを伝えている。

実際、こんな体験をした。

「夜の間に、私は上検使に、江戸滞在中初めて彼を表敬訪問するための都合を聞いてみた。」

このような些細なことが、じつは大変なことであることが知らされた。

「このことが当番の普請役二人に知らされ、大変な熟考の末、この訪問は日中にすべきであると、鄭重に求められた。

よき上検使は、われわれがこの謝絶に会うと思って、われわれをここにすぐ尋ねてきた。そして、このことについて、われわれの彼のところへの訪問が不信を生ずるからと申し訳をのべた。」

といった具合であったのである。

天文台詰通詞が訪問することについては、すでに許可がおりていたのであるが、それでもなお、

「江戸天文台に臨時に働いているオランダ語通詞二人、長崎在籍で、この地のわれわれが住んでいる外に住んでいる通詞で、前もっての通知なしで、普請役の一人の立ち合いなしではわれわれを訪問することはできない。」

と、制限の大きいことを伝えている。

今日の訪問者としては、西丸御徒目付の水野長兵衛は水野鉉大夫の弟、伜の縫殿頭、どの場合も部屋へ通した。

吉雄作之丞来訪。

弥吉見舞の下条通春。

夜五ツ時（八時）福井金平が来て蘭人部屋部屋見廻り、四ツ時（十時）過ぎに引き取った。

三月六日（四月十七日）

今日の訪問者は、下条春庵病人見舞い、田辺平左衛門用向は特になし。

水野鉉大夫紛失品の件で、小林藤七郎より問い合せが来て返書を遣した。

夕七ツ半時（五時）白井辰之丞が来て蘭人部屋部屋見廻り、六ツ半時（七時）頃引き取る。

昨夜十時過ぎに近火、別条なし。夜中に烈しい地震が長く続いた。

今日の午前、カピタンはコンプラドールからいくつかの商品を見せられ、それらのうちから、なにがしかを買った。

三月七日（四月十八日）

この日のカピタンは、「そのために指揮された検使が、日々受け付けた訪問以外、今日、われわれにコンプラドールが見せた絹や木綿の品その他を見たり、買ったりして、幾分忙しかった。」と記すのみであるが、オランダ人に知らされない雑々たる用は、毎日、長崎屋において続いていたわけである。

来訪者の主なものは、下条通春の病人見舞、天文台詰通詞吉雄作之丞、立石得十郎であった。

明八日、検使水野鉉大夫ならびに、町司三浦嘉次郎ほか十六人、御尋の義あるにより、北町奉行対馬守役所へ出頭せよとの達が安房守の用人によってもたらされ、田嶋卯之助から伝えられた。

三月八日（四月十九日）

この日のカピタンの日記はドクトル・モーニッケが昨日以来気分の悪いことを伝える。そして、「早朝に、当地在府の長崎奉行に属する上検使二人、同様、われわれの上検使の訪問を受け、川崎での盗難に関して訊問するために、私の召使い、コックと労働者が今日、江戸の奉行の家に出頭すべく、江戸の奉行が老中より命令されたことが私に告げられた。」と記し、「だから、彼らは、そのために、午前中、われわれの上検使と、川崎で同宿していたわれわれの下検使の一人と、同様、小通詞弥七郎との同伴で、そこへ行った。」とも記している。さらに、あとは、午後と夕方に二度、長崎奉行附の家来で、上検使の身分をもつ、われわれの上検使の訪問を受け、「これらの訪問は、私にとって、かなり面倒になってきた。」と書き付けている。

これを日本側の警固日記でみると、朝五ツ時（八時）過、手附の福井金平が来て、四ツ時（十時）頃、水野鉉大夫と三浦嘉次郎ほか十六人を御役所へ連れていった。小通詞助岩瀬弥七郎は長崎屋源右衛門の差し添えで出頭した。川崎宿泊りの節、紛失品の顛末について、秋山久蔵がひととおり取り調べを行なった。一同差し返しとなり、夕七ツ半時（午後五時）頃源右衛門方へ帰ってきた、ということに相当する。夜九ツ時（午前零時）過ぎ、長崎奉行内藤安房守用人より水野鉉大夫と長崎屋源右衛門方へ使者が来た。そのため門の開閉がなされた。深夜まで落着かない一日であった。

この日の来訪者は、下条通春の弟子春立が病人の見舞いに来訪。

朝五ツ時（八時）に内藤安房守家来の喜多村由蔵が検使水野鉉大夫出頭につき、かわりに詰め、夕七ツ半時（午後五時）過ぎに引き取った。蘭人との対話もされた。

西丸御坊主の佐藤平務、佐藤道平が来て水野鉉大夫に面談の用がある由であったが、北御役所へ呼び出しにより、立ち帰られた。

暮方に手附の白井進之丞が来て、蘭人の部屋等を見廻った。

三月九日（四月二十日）

川崎の盗難事件の吟味について、今日もカピタンの日記は続く。「今日もまた、幾人かの同行者、すなわち、筆者、御用方、宰領頭、長崎奉行のためのコンプラドールが行かねばならなかった」と。

これは、警固日記によれば、朝五ツ半時（九時）頃、手附の福井金平が来て水野鉉大夫の内の小林源次ほか四十一人を北町奉行井戸対房守役宅へ連れていったことをさす。長崎屋源右衛門手代の茂兵衛も付き添って出頭した。ひと通り尋問のあった後、夕七ツ半時（午後五時）一同帰された。

水野鉉大夫から病気により蘭人附添役（検使役）御免願いが出されたが、四ツ時（十時）前に手附白井達之丞が来て沙汰のあるまでは是迄通りの心得で居るよう伝え、昼時頃に帰っていった。夕七ツ時（午後四時）頃、長崎奉行内藤安房守給人の平尾貢と白井達之丞が同道で来て水野鉉大夫の願い通り、役義が免ぜられた旨伝達された。それで、同人と召使いの若党小林源作、寺友粂蔵、小者の久助と太郎次の四人とも暮時長崎屋を引き払った。

この人事異動を伝えられて、カピタンが記しているところは次の通りである。

「私を当地へ警護してきたとてもよい上検使が、病気で、われわれを出島へ連れ帰れないので、かわりの上検使が、われわれを彼《か》の地へ連れて行くのに随行すると、今夜、一人の上検使が、在府長崎奉行の名のもとに、公的に報らせてきた。このことによって、私一人だけでなく、私の同行者全員が大変遺憾に思う。」

さらに続けて、

「内実として、私は、それが病気では決してなく、川崎でおきた盗難が更迭の理由であると知った。というのは、上述の上検使は、われわれに対して人的・物的に、個人として責任をとらされたからである、と聞いたからである。」

と異動人事の内実を伝えている。警固日記によれば、後任人事は、蘭人の附き添いすなわち帰路の上検使は福井金平が任命された、と。もっとも準備があろうから、十三日から長崎屋に詰めるように、前日までは、内藤安房守と大屋遠江守、両長崎奉行の給人が代る代る検使として詰める、と白井達之丞からの伝達であった、と。

夜九ツ時（午前零時）過まで平尾貢が詰め、遠江守の給人上野省作と交代した。その都度門の開閉を行った。

水野鉉大夫の小者へ渡しておいた鑑札は取り上げの旨御普請役より伝達があった。

本日の来訪者は下条通春の弥吉見舞。四ツ時（午前十時）頃吉雄作之丞と立石得十郎が来て、夜六ツ半時（午後七時）に帰った。

三月一〇日（四月二十一日）

カピタン日記の川崎事件続報によると、

「私が聞いた通りに、よい上検使は、既に昨夜に、宿のその部屋を引き払って、彼の家と家族のところへ行った。そして、彼は、われわれに告別の辞を告げることを許されていなかったのだと思われる。」

上検使であった水野鉉大夫が、処分の知らせをうけ、直ちに、従者四人を連れてその晩のうちに長崎屋を引き払ったことがわかる。

更迭の知らせが、昨夜のうちに小通詞によってカピタンに知らされていたことは、

「小通詞弥七郎が私によって、よい上検使が、われわれに、起ったことと、それによって生じたことに関し

て遺憾の意を表明し、そして、彼にさらに、われわれからずうっと安寧であることを希望すると伝えさせられたのは、昨夜のことであった。」

と記していることによって判明する。さらに、「今日、私は上検使に関する訪問者で、かなり面倒になった。」と書き留められているところをみると、水野鉉大夫とその関係者に対する吟味がかなり尾を引いて、なかなか終結にいたらない様子を察せしめる。

この日の長崎屋の警備関係は、朝五ツ半時（九時）に長崎奉行内藤安房守給人喜多村由郎が来て、昨夜から泊り込みで詰めていた上野省作と交代したこと。下条通春が弥吉を見舞ったこと。吉雄作之丞と立石得十郎の来訪があったこと。川嶋圓節が来訪したこと。夕七ツ半時（午後五時）頃、大屋遠江守給人斎藤大之進が来たこと。夜九ツ時（午前零時）過ぎに安房守の給人平尾貢が来て斎藤大之進と交代したことであった。

三月一一日（四月二十二日）

この日カピタンが得た情報は「内々に、今月の二十六日にはすなわち三月十五日に、将軍への謁見が私に与えられるだろうと、聞いたけれども、それは、いわゆる内々の、あるいは非公式の情報である。」という、拝礼日の内定であった。

「わがよき辞任した上検使」に関する追加情報としては、「われわれをここへ連れてくる道中、しばしば酒を飲み過ぎていたことを非難されている。」というものであった。ということは、北町奉行所における吟味の第二日目に、吟味された従者四十一名のなかからでも洩らされた言葉のなかから明かされたことかもしれない。これを、もっともらしい口実にして、最高責任者を更迭、一件落着にもっていこうとした役所の姿勢がみえてくるようである。カピタンは、これに続けて、「それは、その事に関して、彼に長崎で与えられた命令の反対であろう。」と感想を付け加えている。「長崎で与えられた命令」の全体は、にわかには、わかりがたい。しかし、任命された江戸番通詞が江戸参府随行に際し与えられた注意箇条の中には、

一大酒致すべからず、すべて一分を嗜み、作法よく相勤めるべく候、もし酒狂い、口論、高声等致し候はば、
　越度たるべく候

と、明記された一箇条が含まれていた。それぞれの随行役人に与えられた注意箇条にも含まれていた一箇条と思われる。普段は、何気なく読み過ごされる箇条も、ひとたび、事が起こると、その箇条を前面に押し立てて処分の判断理由にする、というパターンは、古今東西の歴史事件によく見受けられることである。

献上物に関しては、昨日仕分け作業をして過したが、明日、それらが担当官によって点検されるという。カピタンにとって、びっくりさせられることも知らされた。それは、数日来、不快気味にみえた、同宿の大通詞小川慶右衛門が「一日本人医師によって診察された」と聞いたことである。そのため、ドクトル・モーニッケが「不信」に思われていることが「明らかになった。」として驚いている。

そして長崎屋の警備状況をめぐって、次のような一幕もあった。

「今日、二度、上検使が私の部屋に予告なく現れた。そのことについて、私は、私の意見と感情を少なから

ず出した。そういうことは、人が私に強調したごとく、われわれを伴った通詞達の怠慢に帰せられる。そして、かかることは、これからは、もう起らない、と人は私に保証した。」

4　気勝なカピタン

長崎屋警備日記をみると、「源右衛門も後口《うしろぐち》」の方の「住還」に「蘭人見物人」が多く集っているので、「制し方」について協議が行われた。これまでの通り、本石町の名主弥兵衛「制し方」について「書付」で命じておいたし詰め切り役としても御普請役と打ち合わせのうえ、折々「制」したところであるが、十分行き届かず当惑しているということであった。というのも七年以前の参府ビクとちがい、このたびのカピタン、すなわちレフィスゾーンは、「気勝」で、「折々二階窓」の障子戸をあけて外を見るので、その様子を「見物」しようとして、だんだん人が集り、あれこれ取り留めのない「風聞」をいたし、殊にまれには、「巻たはこ」を窓よりオランダ人が「投げ」るということもあった。そこで、協議の結果、窓に「簾」を掛けたらどうか、と御普請役と詰め切り同心たちの協議案であった。そして「制方」については両町奉行所から地廻りの者が「一両人」も出て制すのでなければ行き届きかねる、として、報告することになった。対馬守からの「御達」しによると、おおむね右の協議の通り、双方から見廻るようにと達せられた。

この日の警備交代は連日の通りであった。吉雄作之丞と立石得十郎の訪問があった。

この日協議されたことに「人参座用意金」の支出方があった。「人参座」とは長崎屋内に設けられた輸入薬種等を取り扱う機関で、「人参座用意金」とは「長崎屋源右衛門が預かっている、江戸において遣い・払われる長崎御用のための金子」である。四ツ時（午前十時）頃、長崎奉行遠江守用人青木又兵衛と給人斎藤大之進、と、同じく長崎奉行内藤安房守用人荒井太右衛門と給人布施覚之進が長崎屋に集まり、人参座用意金の支出方について協議が行われ、九ツ半（午後一時）過ぎに、引き取られた。

具体的な金額や支払い方法については書き留められてはいない。しかし、長崎在勤奉行と在府奉行の両方の用人と給人が四人揃って協議していることは、この旅の江戸参府をめぐる支払勘定について、長崎会所と人参座との間でどのように長崎御用の用意金が運用されるか打ち合わせされたものと察せられる。

三月一二日（四月二十三日）

長崎屋警備の交代は規定通りに行われた。

長崎屋を取りまく見物人の制し方について、四ツ時（十時）頃より増員された役人が長崎屋に来て、「見廻」に当たった。昨日の協議決定に従って、早速、翌日の今日から実施されたわけである。

長崎屋で行われた、この日の大きな仕事としては、「献上物・進物」の関係者による見分であった。

「贈物のための二〇番通の書類は、今日、私によって署名された。」とカピタンは記している。

八ツ時（午後二時）頃、本丸と西丸への献上物が「人参座調所」に並べてあるところに、「見分」ということで、両長崎奉行の給人上野省作と平尾貢に加えて御坊主の川嶋圓節が立合って見分が行なわれた。カピタンも立ち合った。

引き続いて、カピタンと外科紅毛人が来る一五日（四月二十六日）に行われる「拝礼」について、説明と、予行演習がなされた。これには右の上野省作、平尾貢立ち合いのもとに川嶋圓節が「対話」し、御普請役も立ち合った、と警備日記には記されている。これだけからすると、通詞の名が登場していない。すると、長崎掛の御坊主河嶋圓節がオランダ語で対話した。とでもいうのであろうか。こだわってみたくなる。そこでカピタンの日記をみると、「私は、午後、坊主頭の訪問も受けた。その坊主は私に、内々に、将軍謁見は、やっと今月の二十六日に指定されたと話した。そして、更に彼は私に、お城の場所に関してと、私が将軍の前で日本式の挨拶をしなければならない位置について、若干の説明を与えた。」と、その説明と予行演習の模様を具体的に述べていて、ますます川嶋圓節の「対話」振りが気にかかる。

ところが、カピタン日記には「小通詞弥七郎の案内によって、私は、宿の階下へ行き、そこで、お城への綺麗に取り揃えられた贈物などをみた。」と明記されているから、この日、江戸番小通詞並岩瀬弥七郎が通弁に当たったことがわかる。それどころではない。「私はまた、小通詞弥七郎の求めによって、坊主頭のために二十三本の扇子に、日本人のお気に入りの諺、たとえば、松、梅、竹、鶴、亀、寿、善、を書いた。」とも記している。これは見分後に川嶋圓節の所望を受けて、小通詞並岩瀬弥七郎がオランダ人に個人的に依頼して、沢山の扇面に揮毫してもらった様子である。このように、両者の間には、常に通詞が、公私にわたって立ち働き、通弁に努めていたことがわかる。

この日の大通詞小川慶右衛門は、吉雄作之丞・立石得十郎の訪問もあったし、献上物宰領頭見習格の瀬下豊助が「不快」であるということで、先日来の、本石町四丁め下条通春に療治を受けたい旨、代検使平尾貢からの断りの連絡を源右衛門の手代茂兵衛が申し出た、と知らせるなど、諸事にかかわって多忙のようであった。

三月一三日（四月二十四日）

この日、警備交代は規定通りに行われ、見物人制し方の見廻りも昨日と同じように行われた。

天文台詰通詞の吉雄作之丞と立石得十郎は、今日、朝の五ツ半（九時）頃に来訪、四ツ時（十時）頃より御普請役立ち合いのもと蘭人との「対話」が行われた。そして、小通詞助の小川慶十郎が長崎屋の手代茂兵衛とともに長崎奉行内藤安房守屋敷へ出かけ、帰宅したのは夜九ツ時（午前零時）頃であった。このような天文台詰通詞と江戸番通詞たちの時間のかかった動きは、どのようなことを意味しているものであろうか。そこでカピタン日記を検すると、カピタンから在府の長崎奉行内藤安房守に宛てて提出され、その翻訳と提出・説明に手間ひまがかけられていたことが判明する。用件は川崎で起きた盗難事件の探索と発見を、もう決定的に止めて欲しい、という嘆願書であった。カピタン日記には文書提出の事情と文書の文面とが記録されている。

まず提出事情については、

「われわれのよき辞任した上検使が、文書で、大通詞慶右衛門ならびに小通詞弥七郎を極内々に尋ねたので、私はこのよき人物の関係において、今日、川崎で私のところで起きた盗難事件の探索と発見をもう、決定的に止めるために、あとの諸侯と高官とに対する、これ以上の難儀を止めるために、一通の文書を在府長崎奉行に提出した。そのうえ、私から盗まれた些細な物はわずかな価値でしかないからである。」

と述べられている。文書の文面は次の通りである。

長崎奉行内藤安房守様

下名のオランダ商館長は、川崎での彼のところでおきた盗難事件の探索と発見が、貴下にも、他の高官にも大きな難儀を惹きおこしたことを遺憾に了解しました。
そして、彼から盗まれた物は些細な価値のものであるから、失礼ながら、彼が、貴下に、上述の探索を、今、決定的に止めていただきたい、ということを、快く御考慮下さるよう、鄭重にお願い申し上げます。

オランダ商館長の敬意を込めて
江戸、三月一三日
一八五〇年四月二十四日
J・Hレフィスゾーン

このオランダ文の文書を、御普請役の立ち合いのもとで、説明を加えられながら手渡された江戸番大小通詞たちは天文台詰通詞とともに翻訳に当たった。訳文が出来たところで、小通詞並の慶十郎が、長崎屋手代の同道を得て在府長崎奉行の役宅におもむき、説明のうえ提出した。このように、この日、こんなにも時間のかかる仕事が延々と続いたことが判明する。

仕事が終って、労をねぎらう意味もあってのことかと察せられるが、カピタンは日記に「この地にいる通詞作之丞と得十郎は当番普請役の一人を伴って、今日、私のところで夕食をした。」と述べている。慰労の夕食会であったものと察せられる。

また、この日は、拝礼の翌十六日に行われる廻勤について、各家からおよその予定時刻と訪問人数の問い合わせが次つぎにあった。

5　登城・拝礼

三月一四日（四月二十五日）

警備役の交代、見物人制し方役人の見廻りは、規定通り行われた。

昼過ぎから吉雄作之丞と立石得十郎も来訪した。

カピタンは日記に、

「今晩おそく、私は、上検使の名のもとに、小通詞弥七郎によって、将軍、世子とその他の高官への謁見は明日と明後日に行なわれる、公式の通知をうけた。」

と記している。警備日記をみると、昨日来、オランダ人の登城、拝礼、廻勤の手順や日程、人数等の打ち合せ、決定をめぐって、なかなか決まらず、連絡に時間を要したらしいことが察せられる。

結局、夜の五ツ半時（夜九時）頃に、新しく検使に任命された福井金平が大通詞小川慶右衛門と長崎屋手代の附き添いを得て、宗門改大目付の堀伊豆守のもとに出頭、「明十五日朝五時蘭人百人番所へ罷り出」るようにという「達」をうけ、九ツ半時（午前一時）頃に帰り、伝達された。この「達」のあったことを、大通詞と手代が石河土佐守、松平河内守、篠山攝津守、安藤安房守、大屋遠江守に「届け」のために廻り、八ツ時（午前二時）過ぎに帰ってきた。長崎屋源右衛門は夜四ツ時（十時）前より御老若と三奉行衆へ「蘭人廻勤之日限」の「御届」に廻って、七ツ時（四時）過ぎに帰った。その都度、門の開閉が行われたと明記されている。随分、ぎりぎりになって正式通知があり、その伝達が、深夜を過ぎて、なんと、当日の明け方近くにまで及んでいることが判明する。

三月一五日（四月二十六日）

謁見日である。相憎の雨天。カピタン日記によってみてみよう。

「六時半に乗物で長崎屋を出発。上検使、在府長崎奉行の上検使、下検使三人、通詞三人で城へ行った。百人番所の広い部屋で、長崎奉行と二人の宗門奉行の到着を待った。そこには二つの椅子が置かれており、茶とタバコの道具が出された。

そうこうするうちに、徒歩で将軍の城へ行く数えきれないほど沢山の高官をみた。全部の老中、当時江戸に滞在する大名などである。

およそ八時に、長崎奉行が二人の宗門奉行とともに現われ、将軍の城において、接見するためのすべての準備が整うまで、なお、いくばくかの間、そこにとどまるよう要請した。

九時に、上検使が、われわれを城へ連れていく命令を受けた。そこで、そのために、儀式用のマントを着て、降りしきる雨の中を、全く乾いていない、全く近くない道を、徒歩で、向こうへ行った。

そこに着いてから、綺麗な石の階段をのぼって、その巨大な建物の門のところで、坊主頭すなわち城の案内役によって受け継がれ、中に導かれて、沢山の大名や高官がいた控えの間を通って、日本風にもっとも綺麗に飾った部屋に導かれ、まず、そこで待つようにいわれた。

高く、珍しい、描かれた天井と障壁、彫刻、金渡金の銅で飾られた柱と障壁などを感嘆するのに、われわれの眼は十分ではなかった。

われわれがそのようにしているうちに、坊主は私に、長崎奉行とともに、日本の将軍に、いくらかの距離をおいて、私が挨拶をする場所へ行くことを要請したが、それは、そのことについて、あそこで、いくらかの解説を私に与えるためであった。

この案内に応じて、定められた場所に行くまえに、もう一度控えの間を通らなければならなかった。そして、私たちをみようとする人たちは数えきれないほどであった。私はその場所で必要な指図をしてもらい、それから待合室へ戻った。そこで、いろいろの領主、特に肥後、加賀、仙台、久留米の領主に、そして薩摩の世子、人々がそういっているように、将軍の親戚にまでも尋ねられた。それらの人たちは、われわれを感嘆し、さわってみたり、かつ私の懐中時計をみせてもらい、もっとも鄭重で、われわれに対して親切であった。

その待合室において、私は二人の江戸の町奉行からも挨拶された。そのうちの一人は井戸対馬守様であって、われわれの日本滞在期間に、三年間長崎奉行であった。

十時に、第二番目、すなわち最後の稽古が将軍に挨拶をする場所で行われた。そして、その場所へ長崎奉行が私を伴った。

今日は、日本の第三月すなわちサンガツの十五日である。だから、いわゆる謁見日である。およそ十一時に、大名たちが将軍に挨拶を許される。そのあと、昼十二時に、坊主頭たちが私を迎えに来て、私を老中の大広間に導いた（彼らは沢山の高官と一緒に、すでに疊の上の彼らの席にいた）。そして、（坊主は）私に、疊の最初の大広間の前に坐っていた長崎奉行によって与えられた合図で、立ち、そして、隣の部屋にある玉座の前の板床に行ったら、私たちは、（彼と）一緒に、そばに、左側に、ある間隔から、われわれが鄭寧な日本式の挨拶をし、そして、それから、大きな声で呼びあげられる〝オーランダのカピターン〟の言葉を聞いたあとで、立ち上がって、退出するまで、向うの板の床に坐っている大通詞慶右衛門のそばでしばらく待っているようにいった。

そのように、与えられた合図で、私たちは行なった、が、随分の距離のせいで、かつ、背景が割に暗かったから、私は将軍の姿を全く見分けることができなかった。なんともあっけないものであった。

われわれの左側、すなわち、玉座の前の方に、われわれの贈物、すなわち絹織物と木綿はキチンとお盆の上に並べて置いてあった。

このあと、長崎奉行と二人の宗門奉行を待って、他の部屋に導かれ、われわれの訪問の続きをし、城からの退出ができるまで、私は、大通詞慶右衛門と一緒に、われわれの控えの間に戻っていた。

その間に、われわれに随行していた日本人事務官と坊主から、将軍拝謁の成功のため、祝賀を受けた。そして、その間も、全部の大名と将軍の親戚が通って、家へ帰るのをみた。(そのうちには、おそらく、世子もいたと思う。)長い間待ったあと、やっと前述の長崎奉行が、二人の宗門奉行を同伴して来た。そのあと、われわれは将軍の城を退出し、徒歩で世子の城へ行き、そこでも、しばらく待たなければならなかったあと、それについてまた、案内されたあと、長崎奉行と一緒にその大きい部屋に行った。そこには高官すなわち世子の衛兵の長官が坐っていて、彼の世子の代理として坐っていて(木の床の上で)、われわれの鄭寧な挨拶を受けた。

もう一度、また相当の時間、世子の城退出の許可を、長崎奉行その人から得るまで待たなければならなかった。そうしたら、その建物(将軍のよりは、より小さい規模の)を、午後三時半より以前には退出できなかった。」

6　献上物と進物

この日の日本側の記録として、『通航一覧続輯』の嘉永三年三月十五日の条には、

　大広間にして入貢の蘭人御覧あり。

としか見えず、献上物目録も進物目録も見えていない。幸い、オランダ国立中央文書館所蔵の日本商館文書のうちに、随行の阿蘭陀通詞が和紙にオランダ語で認めてカピタンに報告した書類を見出すことができる。“*De Hofreis ver antwoording Ao1850*”一八五〇年の江戸参府報告で、“*Geschenken* 1850”一八五〇年の贈物を品物別に贈り先と数量・金額を集計したリストである。これを送り先別に再整理のうえ、当時使用された訳語と数量単位で訳出し、作成してみたのが次の献上物・進物目録である（図28・29・30）。これで、レフィスゾーンが将軍と世子および幕府高官に呈上した献上物と進物の全容を知ることができる。初めての紹介である。

一八五〇年（嘉永三年）献上物

御本丸献上

猩々緋　拾三間之積　壱反

黒大羅紗　〃　壱反

白　同　〃　壱反

黄　同　〃　壱反

藍鼡色同　〃　壱反

淡花色同　〃　壱反

ふらた　〃　壱反
黒ふらた　〃　壱反
千草色　同　〃　壱反
黒ごろふくれん　三拾間之積　壱反
白　同　十五間の積　壱反
千草色同　〃　壱反
黒小羅紗　弐反
千草色　同　弐反
藍色　同　壱反
新織奥縞　拾反
本国更紗　拾六反
弁柄皿紗　弐拾壱反
皿　紗　弐拾壱反

西丸献上
猩々緋　拾弐間之積　壱反
黒大羅紗　〃　壱反
白　同　〃　壱反

淡花色同　〃　壱反
ふらた　〃　壱反
黒ふらた　〃　壱反
黒ごろふくれん　拾参間之積　壱反
黒小羅紗　壱反
藍色　同　壱反
新織奥縞　六反
本国皿紗　八反
弁柄皿紗　拾弐反
皿紗　拾弐反

一八五〇年（嘉永三年）進物

御老中様　御六ケ所
猩々緋　弐間五合宛
黒大羅紗　弐間五合宛
白　同　三間宛
藍鼡色　同　三間宛

千草色ごろふくれん　三間五合宛
新織奥縞　三反宛
本国皿紗　三反宛
弁柄皿紗　五反宛
皿　紗　七反宛

御若年寄様　御六ケ所
猩々緋　壱間五合宛
黒大羅紗　壱間五合宛
藍甼色同　壱間四号宛
藍甼色ごろふくれん　弐間五合宛
新織奥縞　壱反宛
本国皿紗　壱反宛
弁柄皿紗　三反宛

寺社御奉行様　御四ケ所
猩々緋　壱間五合宛
白大羅紗　弐間五合宛
新織奥縞　壱反宛

更　紗　三反宛

宗門御奉行様　御弐ケ所
猩々緋　壱間宛
黒大羅紗　壱間五合宛
淡花色同　弐間宛
千草色ごろふくれん　弐間五合宛
新織奥縞　弐反宛
本国皿紗　壱反宛
弁柄皿紗　弐反宛
皿　紗　弐反宛

御勘定御奉行様
猩々緋　壱間
淡花色大羅紗　壱間三合
上奥縞　一反

江戸町御奉行様　御弐ケ所

猩々緋　壱間宛
黒大羅紗　壱間五合宛
黄　同　壱間四合宛
上奥縞　壱反宛
皿　紗　弐反宛

京御所司代様
猩々緋　壱間
黒大羅紗　壱間五合
千草色ごろふくれん　弐間五合
新織奥縞　壱反
本国皿紗　壱反
弁柄皿紗　弐反

京町御奉行様　御弐ケ所
猩々緋　壱間五合宛
黄大羅紗　弐間宛
新織奥縞　壱反宛

大坂町御奉行様　御弐ケ所
黄大羅紗　壱間三合宛
新織奥縞　壱反宛
皿　紗　弐反宛

百人番所衆中
皿　紗　四反

御本丸御徒目付様
淡花色大羅紗　壱間七合

西本丸御坊主組頭様
淡花色大羅紗　三間七合

御本丸御坊主衆中
皿　紗　三拾六反

西丸御徒目付様

淡花色大羅紗　壱間三合

西丸御坊主組頭様

淡花色大羅紗　弐間五合

西丸御坊主衆中

皿　紗　拾弐反

下ノ関阿蘭陀宿

淡花色大羅紗　壱間三合

大坂町御奉行様御家老衆四人

皿　紗　四反

小倉阿蘭陀宿

皿　紗　弐反

荷才領、馬指、駕籠才領、小倉宿手代

皿紗　六反

御下検使様

皿　紗　六反

西丸御目付衆中

皿　紗　三反

西丸御目付衆中

皿　紗　壱反

大坂宿手代

皿　紗　壱反

※リストとしては京所司代・大坂町奉行のように江戸城で呈上された以外のものも含まれている。それぞれの箇所で参照していただければ幸いである。ここでは一括して掲げ全体把握の一助とした。但し、このほかに、長崎奉行や江戸の阿蘭陀宿長崎屋にも贈られていたはずであるが、リストには見えていない。別扱いになっていたものと察せられる。

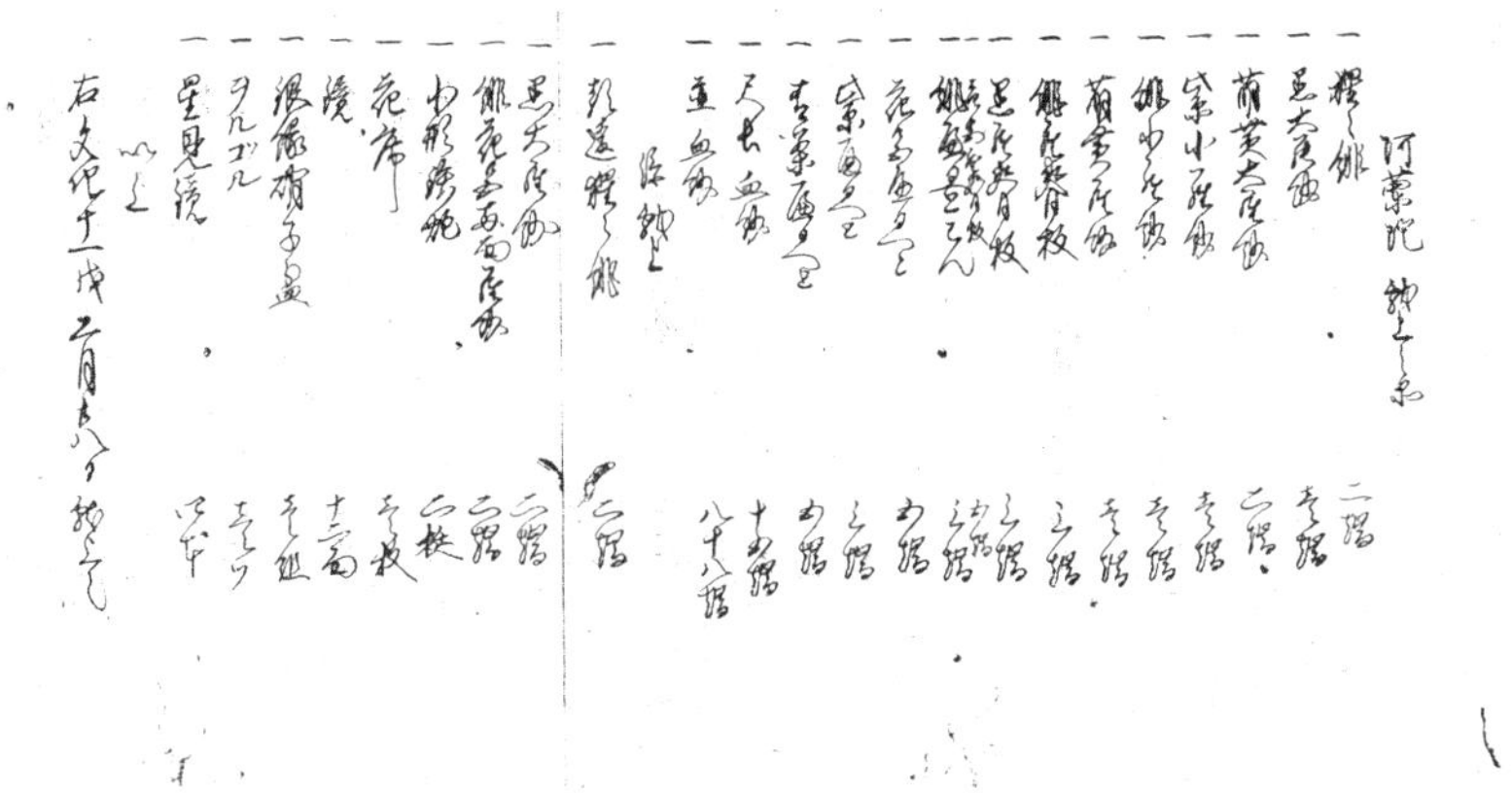

図28　「献上物目録」（古河歴史博物館蔵）

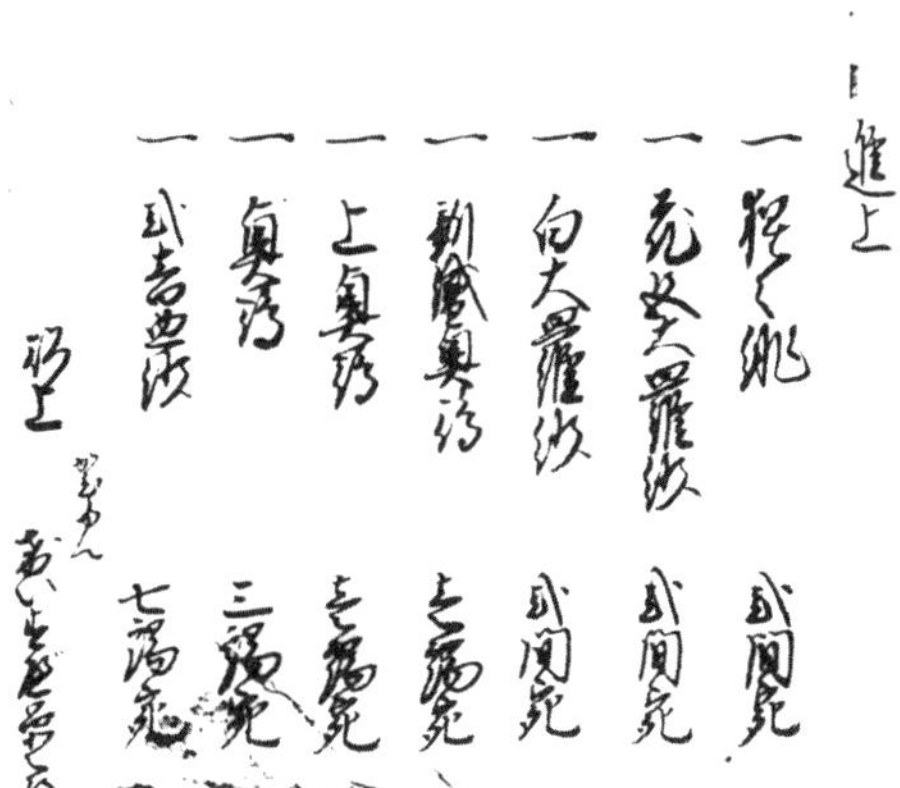

図29　「進物目録」（古河歴史博物館蔵）

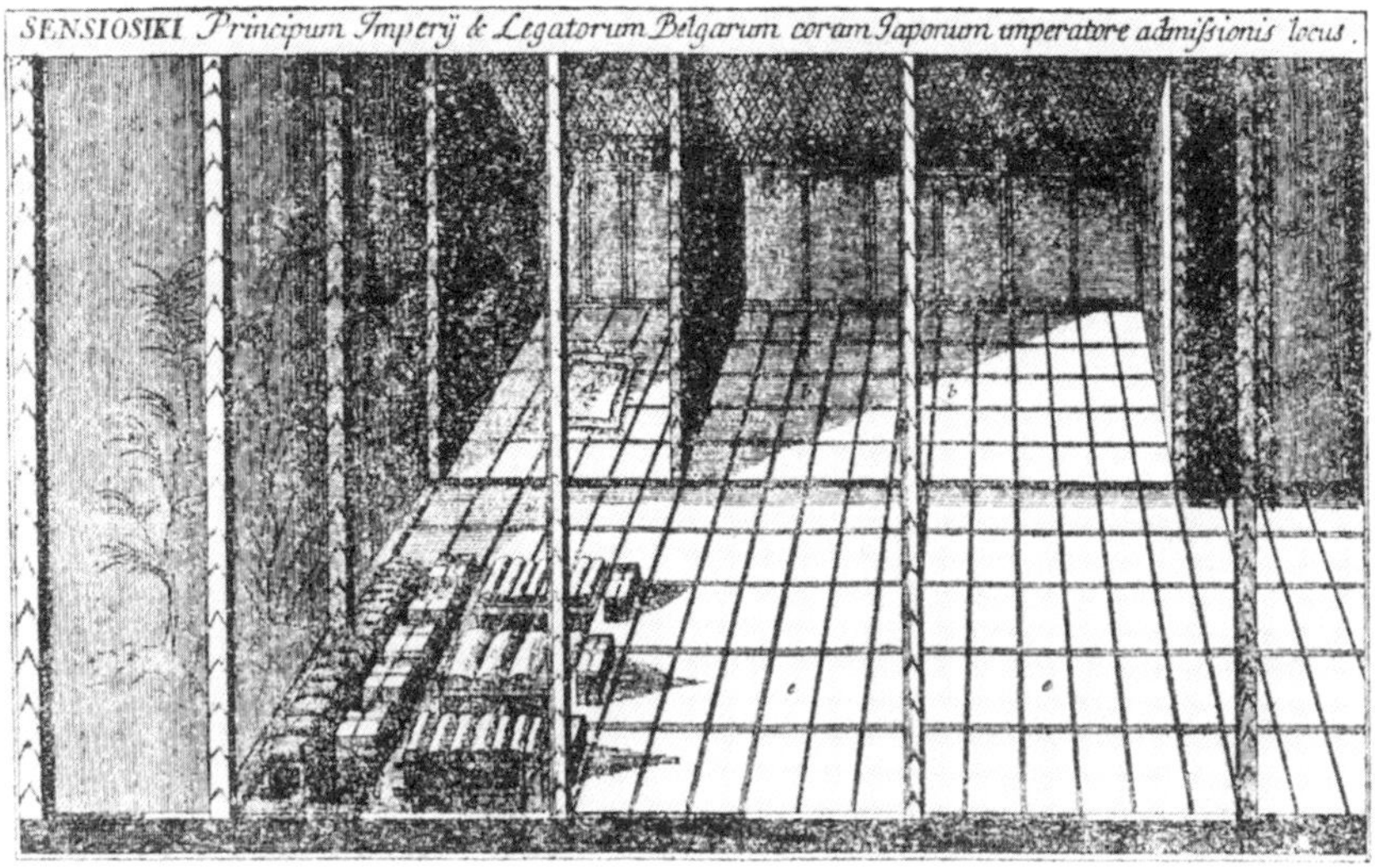

図30　「江戸城に並べられたオランダ使節の献上物」（『日本誌』より）

7　廻勤と蘭人御覧

「そのあと、われわれは、城の内を徒歩でとか、乗物に乗ってとかして、三人の老中、すなわち、牧野備後守忠雅、松平伊賀守忠優、戸田山城守忠温と、四人の若年寄、本庄安芸守道貫、松平玄蕃頭忠恵、酒井右京亮忠毗、本多城中守忠徳を訪問した。どこでも、その彼らの主人はまだ、お城にいるといいわけされて、彼らの家老に迎えられた。老中の一人の家で、旅館から持ってきた食べ物を、昼食として食べることを許された。

そして、晩の七時より前には、家に帰り着かなかった。お天気はずうっと雨模様で荒れていた。

旅館に帰ったあとで、両宗門奉行の二人、堀、篠山の家老の訪問を受けた。その二人は、私に、魚を盛った二つのお盆と卵を入れた二つの箱を捧げて、将軍謁見の成功に対する祝意を表した。これらの人には、私から習慣通りに、リキュール、コンペイトウなどでもてなされ、その人たちは、しばらくの間、私たち皆と親しく過した。

長崎屋の警備役人の交代等はいつも通り行なわれた。

三月一六日（四月二十七日）

相変わらずの悪天候であったが、昨日につづいて残りの廻勤をしなければならない日である。朝五ツ時すなわち八時に、長崎屋を駕籠で出発、第一の老中三人すなわち老中の久世大和守、松平和泉守、阿部伊勢守、第二の二人すなわち若年寄の大岡主膳守、遠藤但馬守、寺社奉行三人松平紀伊守、本多中務大輔、脇坂淡路守、町奉行二人すなわち南町奉行遠山左衛門尉、北町奉行井戸対馬守の屋敷をまわった。カピタンは「昨日と同じように、今日も同じいいわけで、彼らの家老に応対された。」と記している。さらに、「四人目の寺社奉行は不快によりわれわれを応接することができなかった。」と述べているが、これは昨日のうちに、土屋采女正から「産穢」により「蘭人廻勤」に及ばずと足軽小頭をもって断りの通知がされていたものである。

老中や寺社奉行の家では、昨日と同じように、今日も、最も鄭重な方法で、抹茶と箱の中のお菓子で款待された。そのお菓子は、日本の習慣に従って、持ち帰ることとなった。そして、カピタンたちは江戸の町奉行の家で「いわゆる酒肴」をいただかなければならなかったと記しているが、これは所管奉行として「蘭人拝礼」の儀式が無事に終ったことに対する慰労の表現であったわけである。しかし、オランダ人たちは「われわれは、それにしても、夜十時より早くはなく、大変くたびれて、旅館に着いた。」と、まったく疲労困憊の様子である。なにしろ、雨のなか一日中、長時間にわたり、十軒の訪問であっただけでなく、訪問の先ざきでは、「いたるところで、大きな紙に日本の墨でいくつかのオランダの言葉を書くことをたのまれた。」し、「屏風の後からわれわれを見た婦人たちは、三角帽子や剣を見せてくれることを頼んだ」のであって、「その頼みについて、私はよろこんで見せてあげた。」というようなサービスをしなければならなかったからである。

こんなことが、二〇〇年以上にもわたって、回数にして百数十回にわたって行われていたわけである。毎回、仮に二十枚くらいずつ揮毫されていたとしたら、単純計算で三千枚以上にもなってしまう。大名家の蔵からもっともっとオランダのカピタンの筆跡が発見されてもよさそうなものである。

図31　蘭人御覧（東京国立博物館蔵、片桐一男訳『レフィスゾーン　江戸参府日記』新異国叢書第Ⅲ輯6、雄松堂出版、2003年）

三月一七日（四月二十八日）

昼九ツ半時（午後一時）、帰路の上検使に任命された福井金平が宗門奉行堀伊豆守のもとに出頭、明十八日四ツ時（午前十時）に蘭人は百人番所へ行くように命ぜられ、カピタンは「将軍に暇乞」のため「午前八時」にそこに行くことが告げられた。

長崎屋においては、この日、通常の交代警備が行われ、天文台詰通詞吉雄作之丞の訪問があったほかには、昼四ツ時（午前十時）過ぎ小通詞助の小川慶十郎ほか、川崎盗難事件関連で先日来取り調べにあっていた一同が北町奉行井戸対馬守番所へ出頭するよう通知があり、一同出頭、帰宅のうえ沙汰を待つよう言い渡され、夕七ツ時（午後四時）過ぎに帰ってきた。元検使の水野鉉大夫も呼出されていたところをみると、本件に関する江戸において最終の申し渡しであったと思われる。

8　暇乞と「御条目」「被下物」

三月一八日（四月二十九日）

昨日通知された通り、カピタンらは五ツ時（午前八時）に乗物で長崎屋を出発、百人番所で待ち、十時過ぎに城に行き、控えの部屋で暇乞に関する儀式に関して指示を受けた。

儀式の様子について、カピタンの記すところによると、大通詞が小川慶右衛門と一緒に、ずうっとはなれて坐っている老中六人の前に「四回」もでなければならなかった、という。

暇乞の儀式には将軍は出座されない。老中が挨拶を受ける定めであった。第一回目は、カピタンは「木の床の

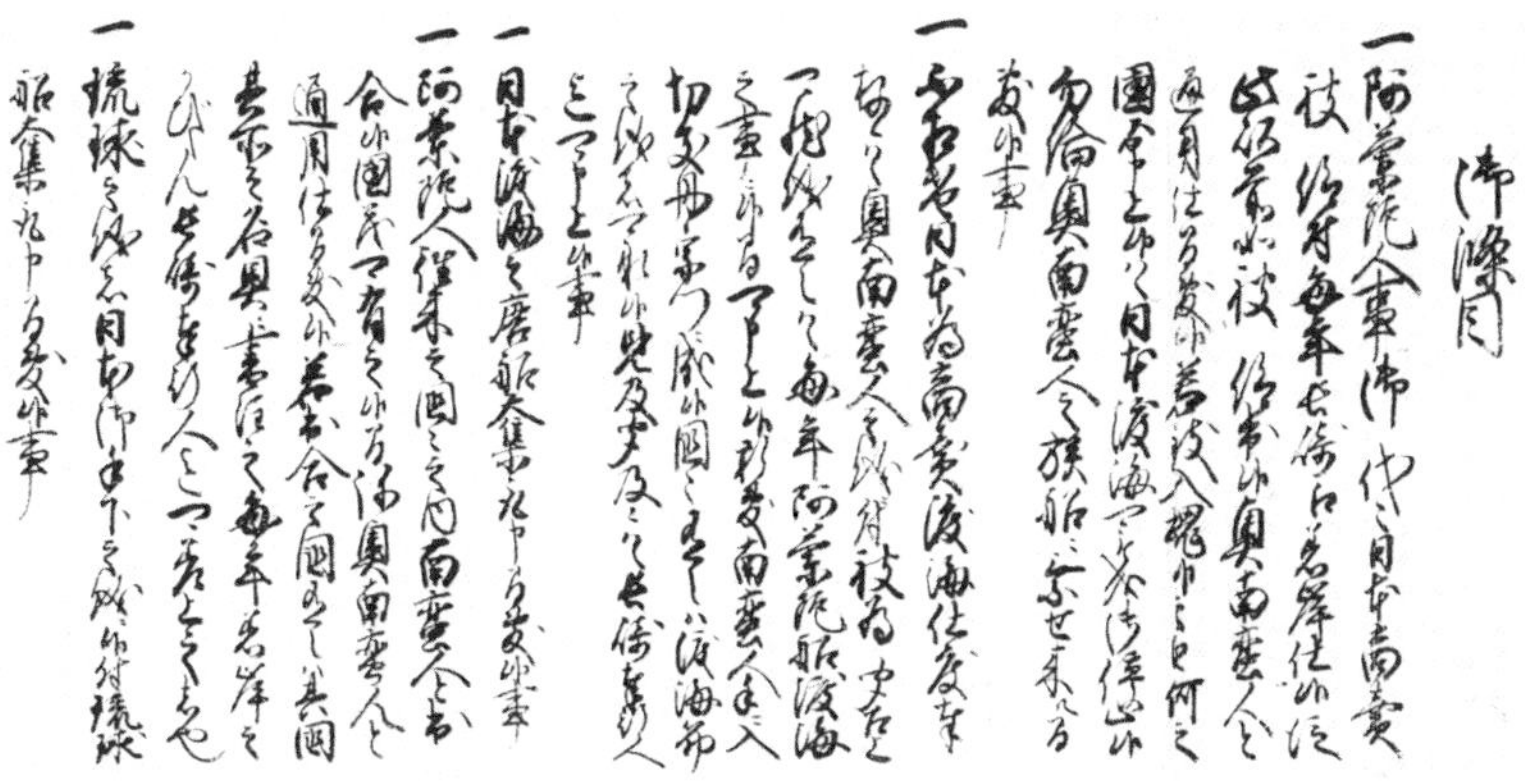

図32　御条目（『ケンペル展』より）

上で深々と身をかがめ」て、「ポルトガル人と何か友交を結んではいけない、中国船をとらえてはいけない、など、など、を朗読するのを聞いた。」と記しているが、これは、「御条目」読み聞かせをさしている。

「御条目」は全文五カ条からなっており次の通りである（図32）。

御条目

一阿蘭陀人事、御　代々日本商売被仰付、毎年長崎江着岸仕候、従此以前如被仰出候、奥南蛮人と通用仕間敷候、若、致入魂候之由、何之国より申上候ハヽ、日本渡海可被成御停止候、勿論奥南蛮人之族、船ニ乗せ来ル間敷候事

一不相替日本為商売渡海仕度奉存候ハヽ、奥南蛮人之儀ニ付、被為聞召上可然儀有之候ハヽ、毎年阿蘭陀船渡海之事ニ候間、可申上候、新敷南蛮人手ニ入、切支丹宗門ニ成候国々有之ハ、渡海筋之儀者可承候、見及、聞及候ハヽ、長崎奉行人迠可申上候事

一日本渡海之唐船奪取申間敷候事

一阿蘭陀人往来之国々之内、南蛮人と出合候国茂可有之候間、弥奥南蛮人と通用仕間敷候、若、出合之国有之ハ、其国其所之名、具ニ書

注之、毎年着岸之かぴたん長崎奉行人迠可差上之者也

一琉球之儀者日本御手下之儀ニ候付、琉球船奪取申間敷候事

以上

第一条、オランダ人は代々日本との商売を命ぜられて、毎年長崎に来航している。これより以前に命ぜられた奥南蛮人（ポルトガル人）と通交してはいけない。もし、心を通じ合っていることをどこか他の国から報告があった場合には、日本への来航を停止されるであろう。もちろん奥南蛮人をオランダ船に乗せて来てはいけない。

第二条、相変わらず日本と商売のために来航したいと思うならば、奥南蛮人のことについて、知らせたほうがよいと思うことがあったならば、毎年、オランダ船は来航していることであるから、報告すべきである。新しく南蛮人の支配下に入ったり、キリシタン宗門になった国々があったならば、来航する航路筋のことはよく聞いておくべきである。そのようなことを見たり聞いたりした場合には、長崎奉行まで報告すべきである。

第三条、日本に来航する唐船を奪い取ってはいけない。

第四条、オランダ人が往来する国々のうち、南蛮人と出合う国もあると思われるので、なお一層、南蛮人と通交してはいけない。もし出合う国があったならば、その国、その所の名を、具体的に書き記して、毎年、来航するカピタンが長崎奉行まで提出すべきものである。

第五条、琉球は日本の支配下であるから、琉球船を奪い取ってはいけない。

以上

この「御条目」全五カ条を通じてみえてくることは、

1　キリスト教の禁止
2　日蘭貿易の継続
3　通信・通商国船の保護

という幕府の対外方針である。結局、幕府の対ヨーロッパ政策が、

1　禁教
2　貿易

の二大要素に基本をおいて、表明され続けたということである。

第二回目は、将軍から下される時服三十と世子からの二十を拝領するために。時服は私の左に、疊の上の五ツの飾台に置かれていた。

第三回目は、下され物に対する感謝すなわち御礼を述べるために。

第四回目は、最後の左様ならのために。

カピタンにとって「大層屈辱的であった儀式」の終ったあとで、再びいくばくかの時間、待って長崎奉行から暇乞のよき終了が祝われた。

図33　「被下物」（時服）（『ケンペル展』より）

そのあと、徒歩で世子の宮殿へ行き、贈物の時服に対する謝意として、鄭重な謝辞を世子の衛兵長にしなければならなかった（図33）。午後二時に長崎屋に帰った。

午後四時から、カピタンらは長崎屋において、検使と普請役立ち合いのもとで「老中と寺社奉行の家来十六人と江戸の両町奉行の二人の検使の招待」を行った。

その人たちは、二人ずつカピタンのもとに現われた、贈物の時服を差し出し、私の政府から彼らに差し上げた贈物の生地に対する彼らの主人の口上を伝え、そして、また、私に暇乞の好結果の祝いを述べた。

これらの人びとは、わざわざそのために出島から運ばれた絨毯に坐った。それは、いつも江戸における日本人高官応対のためにされたことであった。

これらの使者には、紅茶とリキュールとコンペイトウが振舞われたあと、コンペイトウ一壷、オランダタバコ一包み、オランダ製のすなわちハウダ製のパイプ二つずつが、古くからの習慣にしたがって贈られた。そして、この会見は夜七時より早く終わることはなかった。

結局、この日、カピタンは、将軍と世子からの時服五十と、

一級老中六人より時服　三〇
二級老中六人より時服　一八
寺社奉行四人より時服　一二
江戸の町奉行二人より時服　二
合計六二

を受け取ったが、そのうち六枚の普通の時服は濡れていたという。ここにいう「二級老中とは若年寄のことである。この際、通詞と長崎屋源右衛門にも、老中と若年寄から白銀三枚ずつが下された。」

三月一九日（四月三十日）

カピタンは、この日、出島の補助役ランゲ氏に第五番目の手紙を出し、三月一二日付の彼の手紙を受け取った。午後一時から、宗門奉行二人の使者が来て、昨日同様、時服二領を贈り届け、暇乞の好結果を祝した。これらの人びとは、同じく紅茶とリキュール、コンペイトウで款待され、一人一人タバコ一箱、ハウダパイプ二本、コンペイトウ一壺がお返しとして贈られた。

カピタンが受領した時服は六十六領であったが、そのうちから、今日、古くからの仕来りに従って、日本人同行者に三十六領が贈物として与えられた。贈り先を次のように記している。

わが上検使　二領

わが下検使二人　計三領
わが大通詞一人　二領
わが小通詞一人　二領
わが小通詞並一人　一領
わが筆者四人　計四領
わが宰領二人　計二領
わが召使い七人　計七領
わが料理人二人　計二領
わが人夫三人　計三領
わが将軍御内用方五人　計五領
荷宰領頭三人　計二領
諸色売込人一人　一領
合計三十六領

同行の下検使がカピタンに教えるところによると、「古くからの習慣によると、四十二本の空瓶を番所役人に与えなければならないのであるが。」とカピタンは書き留めている。

しかし、今回は与えたか、どうか、はっきりしていない。たとえ空瓶であっても、舶載品として珍重されていたことがわかる。

もと長崎奉行であった筒井紀伊守の、とても年老いた上級家来の所望で、城で、オランダ人たちは、いくつかの扇子に、鶴と亀という言葉を書いたが、今日の午後、その人からお菓子の入っているとても綺麗な箱が贈られた。

夜には、当番の普請役一人と、上検使の福井金平、先のアメリカ遭難者の係であった上検使白井達之丞、将軍の坊主頭川嶋圓節、大通詞小川慶右衛門、小通詞岩瀬弥七郎、見習の小通詞並小川慶十郎、天文台詰小通詞助吉雄作之丞、同じく小通詞並立石得十郎、それに長崎屋源右衛門ら、計十人がカピタンの部屋で会食をした。警備日記をみると、特に「蘭人よりシッポコ料理馳走」とみえている。してみると、カピタン一行の登城、拝礼、廻勤に直接かかわって世話してくれた人びとを招いて、成功裡に無事済んだ謝意を籠めて〈一席〉設けた、ということであろう。会席の料理が「シッポコ料理」と明記されている。「卓袱料理」というところであれば、カピタンも長崎で食した機会もあったわけである。内輪の慰労会といった雰囲気が伝わってくるようである。

会食のあと、長崎奉行の私的な訪問があった。通詞の岩瀬弥七郎の通弁で会い、カピタンは「食事のときテーブルの上に現われた料理のどれも少しずつをあげた」と特筆している。親しみをこめて謝意を表している気持が伝わってくるようだ。

さらにカピタンが特筆していることは、坊主頭の川嶋圓節に対して、「贈物（献上）」に対する圓節の骨折に対してだけでなく、「将軍の城における彼らのわれわれに対する丁寧さ」に対して〈オランダタバコ五箱〉〈巻タバコ五箱〉〈ハウダパイプ十本〉をあげるよう〈指示した〉、と明記している。城中における行動において、いかに坊主頭川嶋圓節が力をもっていたか、察せられようというものである。

9 「お買わせ反物」・「人参座用意金」

三月二〇日（五月一日）

この日は、老中や若年寄らの家来が朝より長崎屋に来て、〈献上物〉〈進物〉の残品のうちから、それぞれ主人が買い受けた品を受け取って帰っていった。

カピタンから将軍と世子に差上げる〈献上物〉、老中・若年寄等に差上げる〈進物〉は道中において、万一破損したり濡れても対応できるように余分に持ち運ばれてきていた。無事に終った場合には、それらが全部残る。そこでカピタンは旅費の一部に充当したい、という理由を述べ、〈献上物・進物〉の〈残品〉の売り払いを願うことが恒例となっていた。買い取りを許された者は、進物を受けた老中や若年寄たちと阿蘭陀宿であった。このような品を「お買わせ反物」というように呼んでいる。オランダ側も日本側も、これを予定し、期待するようになって、習慣化していたのである。残品販売は五割増で売られ、通詞が「売上反物目録」を作成したり、「代金請取」「残反物」を調べたりしている。

カピタンは帰路につくための準備をはじめ、時服の荷造りもはじめた。吉雄作之丞・立石得十郎の来訪で対談に応じたり、なかなか忙しそうである。

三月二一日（五月二日）

両長崎奉行の用人と給人とが長崎屋に来て、「蘭人旅用金」として「八百五拾両」と「残反物」の売り上げ代として「六両壱分弐朱六匁六分五厘四毛余」を、「人参座預金」より支出することに立ち合った。

蘭人の荷造りに普請役と長崎奉行給人が立ち合い、相改め、飛脚屋　京屋弥兵衛の者へ頼むこととなった。

吉雄作之丞・立石得十郎、川嶋圓節の来訪があった。

長崎奉行から、カピタン・レフィスゾーンとドクトル・モーニッケは、五枚のオランダの紙に〈オランダの言葉〉を書くことを依頼され、使者が贈物として日本紙二束を送り届けてきた。

上検使と三人の下検使にカピタンから贈物がされた。

上検使　　大羅紗　　一間半

下検使三人　奥嶋　　各一反

所定の金も、召使、料理人、人夫とすべての運搬人足にも配られた。

両長崎奉行の二人の家来がカピタンを訪れたのは、帰路出立に先立っての挨拶であったと思われる。

オランダ人が諸色売込方《コンプラドール》の中村忠太郎を通じて「日本絵」へ「阿蘭陀文字」入りの「判《(版)》木」を「通弐町目常右衛門店嘉助」へ注文していたらしく、それが出来たので「改」に提出された。このような判木は差支えもないものと、普請役へ打合せられたところ、「心得」がないので、検使福井金平へ問い合せがされた。結局、「文字之処」を「削落」し、買い受け入れたいという注文なので、「削り落させ」、「摺立」てた「見本弐枚」を取り上げ、一枚は普請役へ一枚は「綴込」みに入れさせた。

三月二二日（五月三日）

明日の出立のための準備に従事した。

検使の福井金平が在府長崎奉行に御届けに行き、大通詞の小川慶右衛門は預けおいた帰路道中のための通交手形（人馬船川渡証文）を受け取りにいった。

吉雄作之丞・立石得十郎が来訪、川嶋圓節の来訪もあった。

三月二三日（五月四日）

江戸出立の日である。両長崎奉行からの上検使二人が来て、オランダ人に対し、付添の上検使に従って行動するように、早起きをするようになど、すべて「古い習慣」に従うよう「御条目」を読み上げ、オランダ人はこれを請けたあと、昼四ツ時（午前十時）過ぎに出立した。

昼の一時に昼食を品川の茶店でとり、綺麗で健康的な海の空気を楽しんだ。この品川まで、天文台詰通詞の吉雄作之丞と立石得十郎は見送りに来、一行出立後、午後二時に江戸へ向け帰っていった。

夜七時に、今日七里の旅をしたあと、神奈川の宿所に着いた。往路、川崎での盗難事件があったこともあって、カピタンの宿所は検使一人・通詞一人が来て、カピタンの座敷を警固した。また、夜いるところはどこでも、六人の町の職員によって家の前後が番をされることとなった。

第五章　レフィスゾーンの江戸参府・復路

復路の大陸路、すなわち東海道は、どの宿でも、その土地の役人六人が、家の前後で番に立ち、夜、カピタンの座敷には、通詞一人と下検使一人が警護に当たった。往路、川崎宿で起きた盗難事件のためである。

これ以外は、窮屈きわまりない江戸の定宿、長崎屋から解放され、本当に〈監獄〉から救われた開放感に浸《ひた》って旅を続けた。

箱根山の麓、畑宿では銘産の漆器をいくつか買った。箱根細工をもとめたカピタンやドクトルは多かったから、よく知られていた。同様に、原では茶屋植松の庭園で、その美事な植物コレクションを見物した。シーボルトもフィッセルも詳しい記録をのこしている。名園として知られていたからである。

レフィスゾーンは「吉原宿ではおもしろい経験をした。私の帽子を、まだ大変幼い子供である彼ら二人の頭に一寸だけ置くことを頼まれた。この小さな子供たちが疱瘡に犯されたり、あるいは不幸におちいるのを防止するためであるということであった。もちろん、この無邪気な希望に対して、私はよろこんでそうしてあげた。日本人の迷信的な証拠である。」

興津宿では、「四月四日に府中で注文し、購入しておいた漆器などを受け取った。」と述べている。「鳴海の反物屋をしばらく覗きこみ、有松の家にとどまって、有松絞りを買った。水無口村では、いくつかの藁と芦でできた製品を買った。梅ノ木村では、モグサと、効能があると評判の売薬、和中散を買った。」とも述べている。

こんなぐあいに名所を見物、銘産品を買いこんで、まずまず、快適な旅を続けることができた。以下、カピタンの日記を紐解いて、復路の足取りを辿ってみよう。

1　京入りと証文返上

五月一八日（四月七日）、草津を朝六時に出立。暑さがやわらいだにもかかわらず、一日じゅう雨に降られつづけた。昼食を、かなり大きなまちである大津でとり、昼十二時に出立、ミアコから一里離れたところの蹴上で、とても快い休憩所である弓屋を訪れた。そこで息子の壮一郎を連れた海老屋の主人村上等一といろいろな商人の出迎えを受け、歓待を受けた。今日の定宿である川原町通三条下ル大黒町にある海老屋に到着したのは午後三時半。

京に到着後、ただちにしなければならないことは、所司代と東・西の町奉行に対する「到着届」である。これは大通詞の仕事で、小川慶右衛門が所司代の二条御屋敷へ出向き、去る三月二六日に下付してもらった東海道中のための通交手形、すなわち証文「道中人馬幷船川渡証文」を返上し、到着を報告、ついでをもって、「カピタンの不快」を説明、明後日の訪問と決定された。次いで東・西の町奉行へも届けがなされた。上検使の福井金平も所司代と東・西町奉行いわゆる三役所へ到着届けにいった。

2　京の海老屋と外宿

海老屋の敷地面積は時代によって百二十坪くらいから二百坪くらいのあいだを、多少増減しているが、大きく変わることはなかった。河原町通に面した前面を広く開けて、その角に土蔵を建てていた。献上物をはじめとする荷物を保管するに大切な蔵であった。宿泊に当てる家屋は思いのほか小さなものであった。一階部分は六帖三部屋、四帖半二部屋、それに湯殿などが付いていた。総二階建てではない。二階部分は、階下の六帖を三部屋、四帖半一部屋部分の二階部分ということであるが、二階の部屋の分け方はわからない。これは幕末の文久三年（一八六三）の場合であるが、大よその規模に変わりはなかったものと考えられる。したがって、海老屋に、オランダ人二人が二階に泊まったとして、あと幾人の日本人が同宿できたであろうか。はなはだ心もとない。そこで海老屋の主人は、毎度、一行の「外宿」先と、その「宿割」に苦労させられた。一八五〇年の場合、海老屋の主人は上検使福井金平にあてて、「外宿割帳」一冊を提出している。

御検使上下五人　三条小橋中嶋町 日光屋八郎兵衛
目安掛書物改方上下三人　同
大通詞荷物宿　同町 目貫屋藤左衛門
勘定方上下八人　同

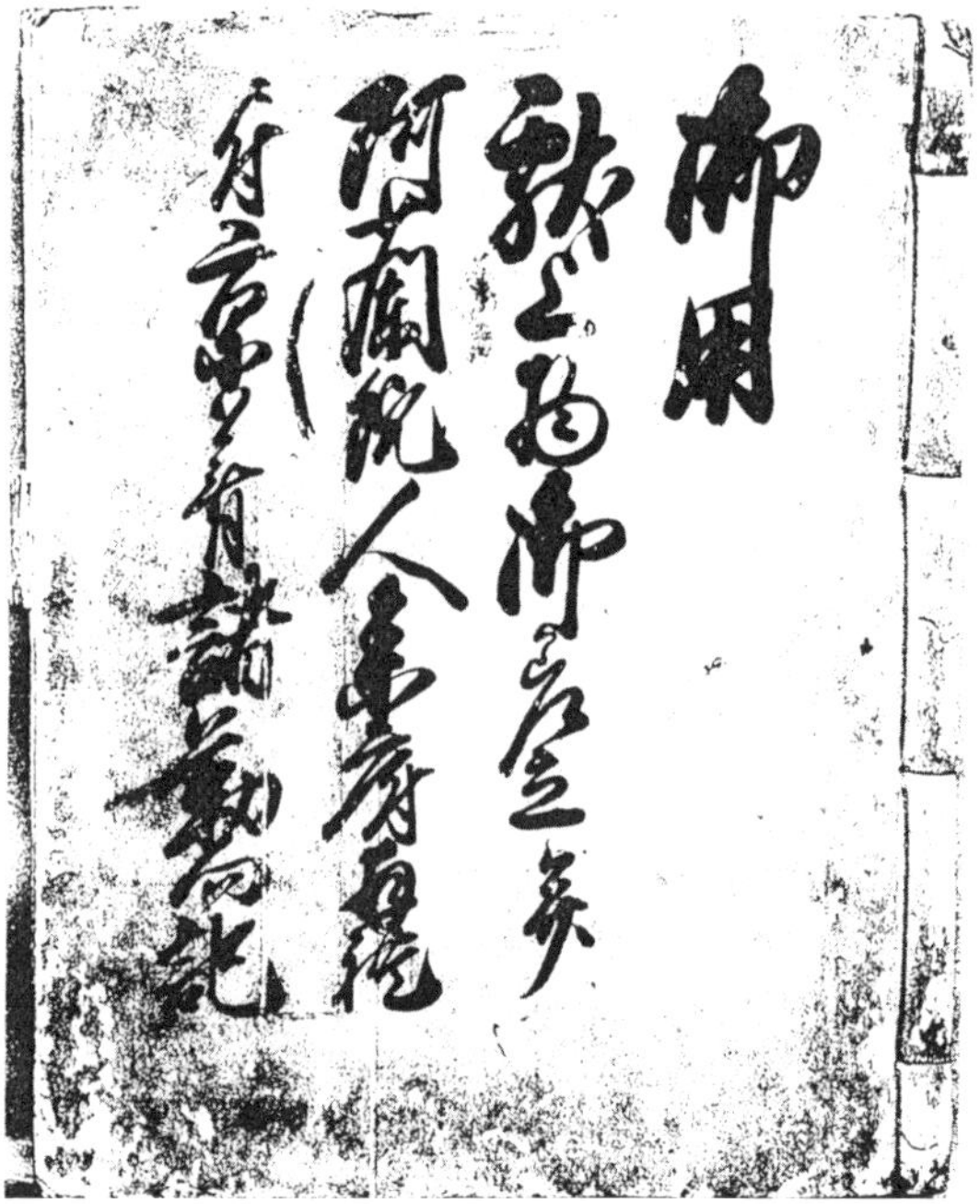

図34　『海老屋日記』（神戸市立博物館蔵）

献上物宰領　三人　同町小橋西へ入 大津屋吉右衛門
買物方　壱人
宿割　壱人
日雇頭　弐人
惣荷物宰領　弐人
駕宰領　弐人　同町 万屋甚兵衛
陸尺　八人

これを見ると、外宿の者は三十数人を数えている。すると、オランダ人二人を含めて、あと二十数人が海老屋に逗留したということになるが、小部屋だけの部屋数からして、はたして収容しきれたものであるか、はなはだ疑問ののこることではある。なお、『海老屋日記』（図34）の後日、四月一四日の条をみたら、オランダ人を除いた総人数五十九人、そのうち外宿が四十一人とある。さすれば、海老屋には、オランダ人二人、随行の日本人十八人が宿泊したことになる。部屋数からすれば、詰め合って満室使用で、かろうじて収容できたわけである。海老屋の規模を察することができるというものである。

オランダ人逗留中の海老屋は町奉行の御目附方同心によって昼夜見廻られ、仲座役両人によって、昼は見廻り、夜は泊り番されていた。

3　買い物と定式出入商人

京のここでも、旅と宿泊のどこでも、川崎で経験した盗難事件のために不愉快にさせられ、あらゆる場合に制限されることに出会わねばならなかった。

そのなかでも、ここに到着した直後、以前オランダ人に商品を個人的に売ろうとした商人たちは、いまは、われわれのところには現れてはならず、コンプラドール（諸色売り込み、買い込み人）が仲介人として彼らに奉仕しなければならなくなったことである。

この一八五〇年嘉永三年における京の阿蘭陀宿海老屋に出入りの許されていた「定式出入商人」は二十八人（軒）が判明している（図35）。

定式出入商人之覚

1　青貝師　青貝屋　武右衛門
2　呉服　箔屋　長兵衛
3　刀脇指拵　正阿弥　九兵衛
4　人形袋もの 小間もの　菊屋　長兵衛
5　塗もの 金もの　笹屋　勘助

6	扇子 水引	福嶋屋	安兵衛
7	古手類 呉服	近江屋	佐助
8	桧物師	井筒屋	武兵衛
9	琴三味線	琴屋	伝兵衛
10	染もの 呉服	山城屋	久七
11	荒物るい	和泉屋	藤八
12	焼もの	近江屋	久兵衛
13	合羽類	近江屋	安兵衛
14	かさ挑灯	丸屋	弥兵衛
15	紅おしろい	高嶋屋	喜兵衛
16	表具師	木村	治兵衛（助）
17	茶道具	乾	八郎兵衛
18	箪笥	近江屋	治兵衛
19	万小間もの	枡屋	伊助
20	書林	丸屋	善兵衛
21	乗物師	万屋	佐七
22	筆墨	古梅園	
23	鏡	津田	利兵衛

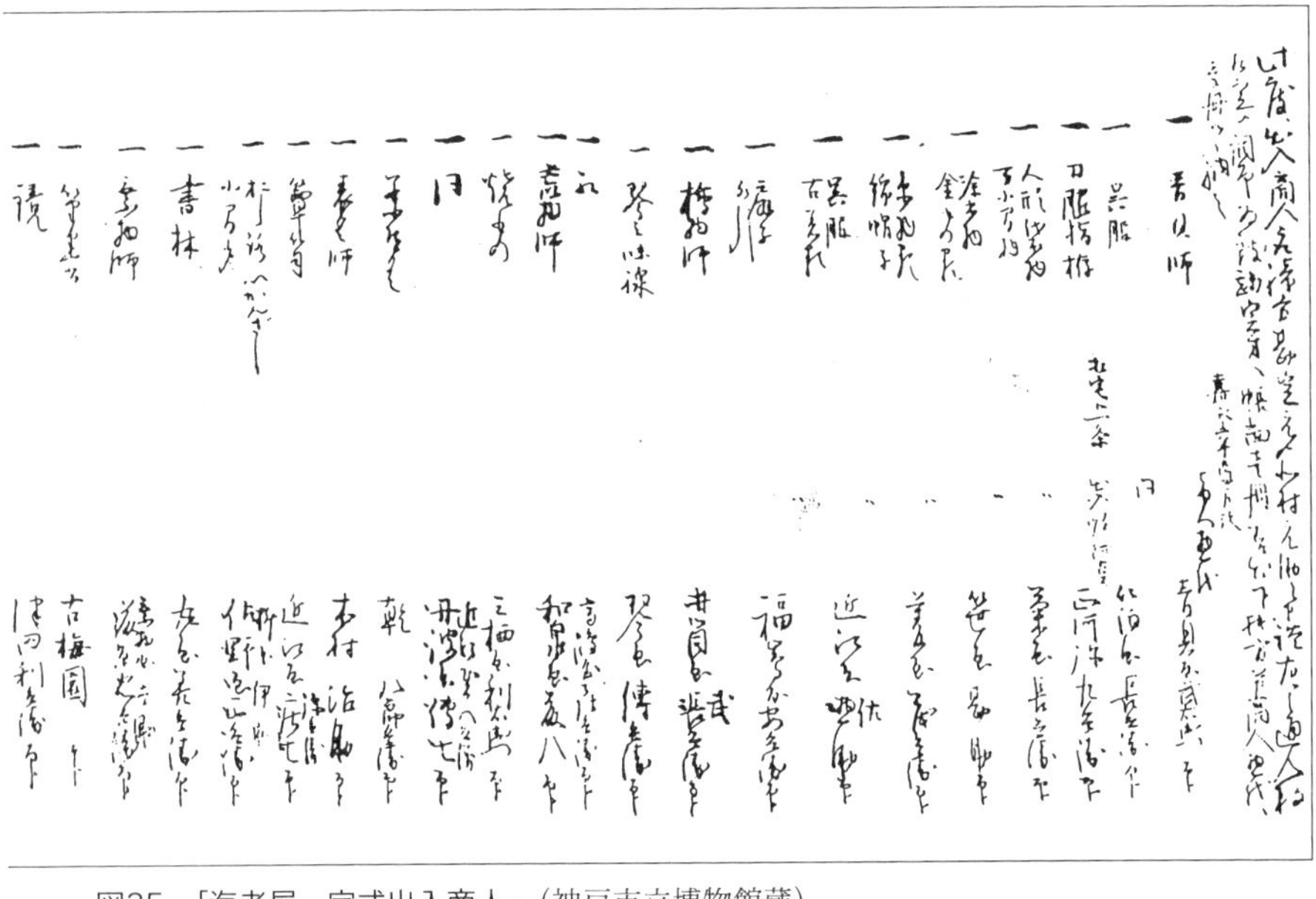

図35 「海老屋 定式出入商人」（神戸市立博物館蔵）

24　下駄 こんこう　大津屋　利助
25　糸者類 わた帽子　菱屋　茂兵衛
26　額看板 挽もの　上田屋　治兵衛
27　鍋釜師　釜屋　治兵衛
28　茶　山下　藤左衛門

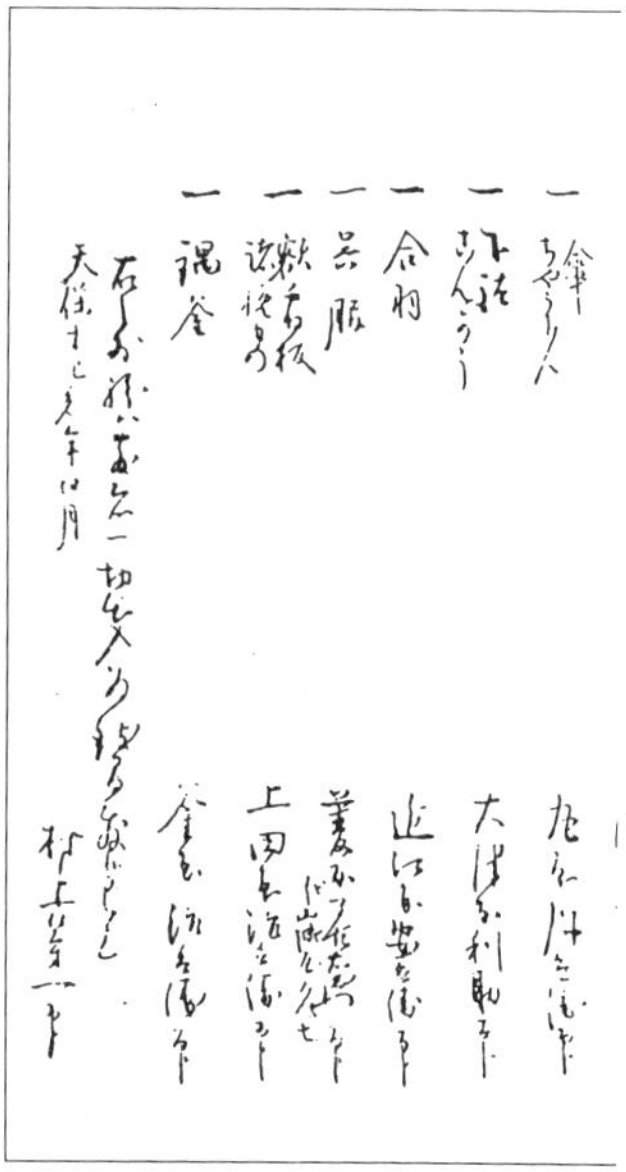

この二十八軒の業種からわかることは、主として日用工芸品の類であることである。生《なま》ものは含まれていない。はるか、オランダまで持ち帰ろうとしているからである。当然のことであった。天保十五年の定式出入商人二十八軒の所在地からして、場所は海老屋に近い三条河原町・木屋町・寺町あたりに集中していることがわかる。

さらに、もう一つは二・三の愛嬌のある愛らしい娘のいる女召使いたちは、以前不躾けにわれわれのところに現れたが、いまはそのようなことはできなく、同人たちは、もうわれわれのそばに来ることはできない、などなどのことを聞かされた。

4　オランダ語会話書『色々な話し方』

かつて、海老屋の主人は、流暢にはできないながらも、オランダからの珍客を迎えるために、通詞に頼んで、予想される会話例を盛り込んだオランダ語会話書『色々な話し方』（図36）を用意して、サービスに力を入れていた。その一節には、

't is slegt weer vandaag.
ヘット・イス・スレキト・ウヱール・ハンダーク
今日は悪キ天氣ニ而御座候

からはじまって、

Wil u zoopie drink?
ウィル・ユー・ソーピー・テリンキ
其許は酒ヲ御用ひ成されず候哉

と、酒をすすめたり、

Zie daar staad een mooij zuster.
シイ・ダール・スタート・エーン・モーイ・ジュストル
彼所へ宜敷娘壱人立居申候ヲ御覧なさるべく候

と、「愛嬌のある、愛らしい娘」を紹介し、

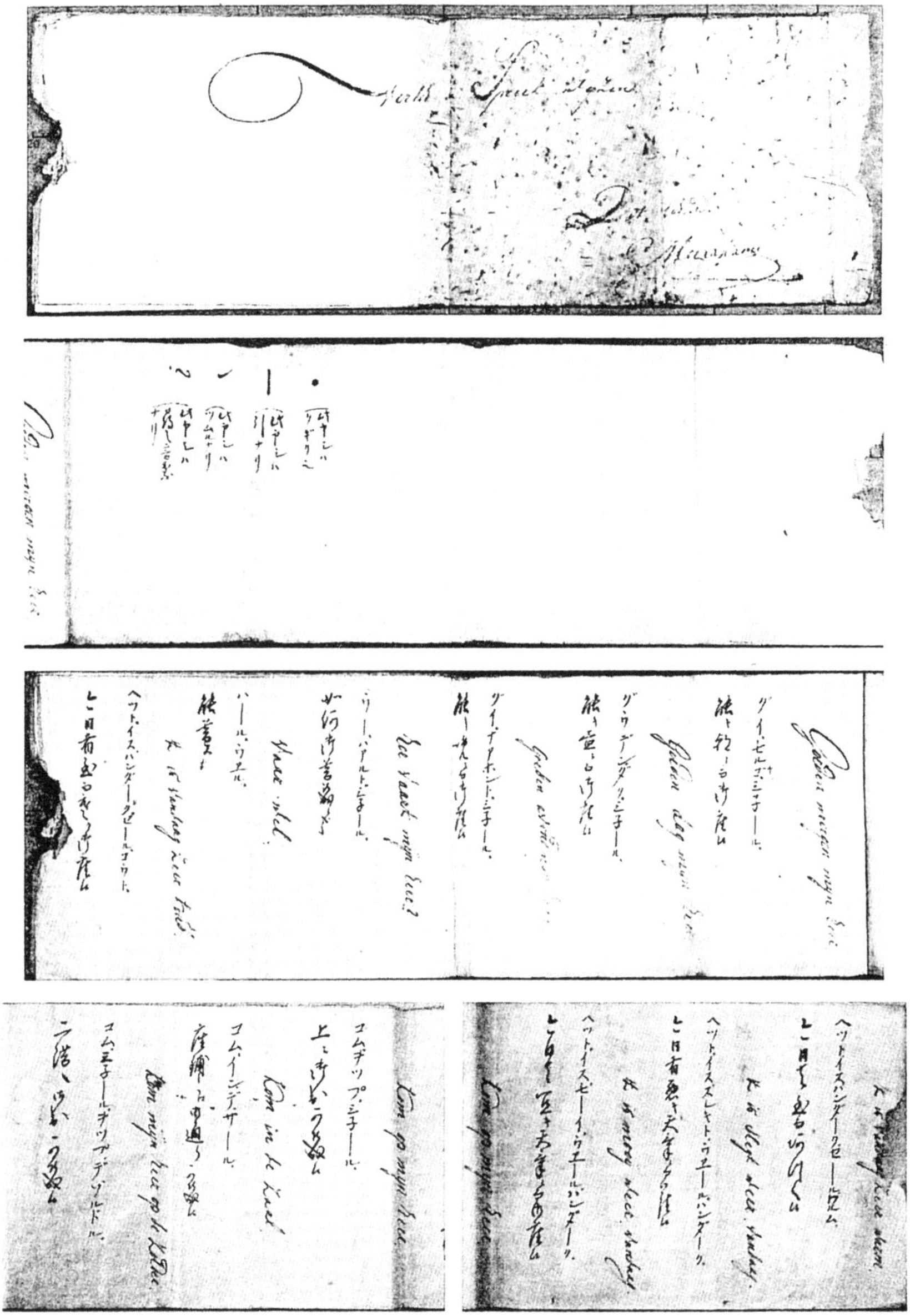

図36　「オランダ語会話書『色々な話し方』」（神戸市立博物館蔵）

Ja, zij is mooij dogter.
ヤー・セイ・イス・モーイ・ドフテル
成程カレハ宜キ娘ニてこれ有り候

と好印象の様子であれば、

Is u bemind voor die of zijn?
イス・ユー・ベミント・ホール・ディー・ヲフ・セイン
其許ハカノ人へ好《す》かれ候哉

と、「あなたは、あの人へホレラレ候哉」という気持ちを確かめ、

Ja, ik ben zeer bemind.
ヤー・イキ・ベン・セール・ベミント
成程、拙者はほれ申候

ということになれば、

dan zal ik u schik.

ダン・サル・イキ・ユー・シキッキ

然ラバ拙者世話いたし申すべく候

と、世話する、などというのである。

かつて、カピタン・ドウフは舞子の小銭と小糸と、日本酒を呑み、「日本之男かづら（鬘）」をかぶって、抜け出て、示し合わせて、ほかの茶屋へ繰り込み、すっかり「呑」み過ぎ、「戯」れ過ぎて、「二日酔」になってしまったこともあった。カピタンのヤン・コック・ブロムホフは「婦人壱人」を「二階座敷」に「屏風」を「二重」にたてまわして「囲」っていた、ということもあったほどであった。

五月一九日（四月八日）は、以前に注文しておいた品々を受け取り、さらに若干の新しい買い物をして過ごした。大坂の定宿・長崎屋為川住之助が挨拶に訪れ、帰路における宿泊について打ち合わせをして帰っていった。脇から聞いてわかったことであるが、悪いやつで知られている川崎の宿屋の主人の兄弟が、彼の地で私のところでおきた盗難事件に関して疑われていて、その故に、江戸の監獄に運ばれたということである。紛失した六品は「ブリッキ之箱」に入っていたもので、その箱ごと「溝」に打ち捨ててあって、「全く盗賊」のしわざにみえたものであると。これらの、詳しい・正確な情報は、江戸で吟味された際に聴取されたものであって、それが海老屋のような関係の業界にいちはやく伝播したものと察せられる。業界の連絡網がしっかり出来上っていたことがわかる。

5　三役所と進物

五月二〇日（四月九日）、所司代と東・西の両町奉行を訪問する日である。帰路の京に滞在中の最大公式行事である。

朝九時に、乗物で所司代酒井若狭守二条御屋敷へおもむき、次いで二条城近くの「明楽大隅守と小野下聰守、両町奉行屋敷へ行き、往路滞在の間に仮納めしておいた、「進物」の品々を正式に差上げた。そこで、江戸の老中や寺社奉行のところでと同様の方法で応対され、歓待された。ただし、代理人ではなく、所司代・両町奉行とも直じきの応対をされた。

所司代・町奉行への進物が何であったか、日本側の記録には見えていない。しかし、幸いにもオランダ側の記録には見えており、江戸の献上物・進物目録に、続けて京の所司代・両町奉行の分も記してあったことは、すでに見たとおりである。（九八ページ参照）

午後二時に海老屋に帰宅、昼食をすませたあと、所司代と両町奉行の家来たちの訪問を受けて応接した。これは海老屋の主人が書き留めておいてくれた記録によれば次の通りである。

酒井若狭守様御使　　　筧　藤次郎殿
明楽大隅守様御使　御組同心　井上駒太郎殿
水野下總守様御使　御組同心　西村篤次郎殿

所司代からは通常の時服三領、町奉行からはそれぞれ銀子三枚、計二・五八テールがもたらされた。これらの方々は、仕来り通りに、歓待され、各々には私からの返礼としてコンペイトウ一瓶、パイプ二本とタバコ一包とがあげられた。

6　東山辺の見物

五月二一日（四月十日）、午前中、明日の出発準備のために多忙に過し、すべての荷物を荷造りさせた。午後、東山見物をしたい旨、海老屋の主人から月番の東町奉行所に伺ってもらったところ、雨天ではあるが、大雨でもないので許可となった。早速、警備の仲座役を出して下さり、徳林院へも都合を掛け合ってもらったら差支えなしということであった。

徒歩で出かけ、あとにわれわれの乗物が続き、上検使に随って、著名な知恩院へ行った。奉行所から派遣の仲座役は鉄の金棒を持って、群集の制止に汗だくであった。

同様にして、祇園と清水寺へも行った。祇園のそばの二軒茶屋中村楼ではしばしの間とどまり、豆腐切りを見物、酒宴を行った（図37）。そして、乗物で宿に、午後五時に帰った。

知恩院はとても大きく、すばらしくよい木彫によって作られた祭壇をもっている。それは、皇室の役人を迎えるための幾つもの綺麗な部屋をもっており、すでに二百年余りたっているといわれている。このすぐ近くに一つの非常に大きな鳴子のない鐘がかかっている。ただ正月の十九日から二十五日までだけ、あるいは毎年正月に鳴らされるが、それはこの寺の初代の住職が正月二十五日に死去したからである。

図37　「祇園二軒茶屋」（『拾遺都名所図会』より　国立国会図書館蔵）

とても高く木の柱で建てられている清水寺から、とても大きな都のすばらしく優美な眺めを見ることができる。

今日の見物に、町奉行所から派遣され、群集の整理と警備に当たってくれた仲座役人に対して「アラキ酒一瓶」が贈られた。

見物の道中に付添ったのは小通詞の岩瀬弥七郎と、小通詞並の小川慶十郎であった。大通詞の小川慶右衛門はカピタンへの「下され物」の「御礼」と明日出立のお届けをかねて両町奉行へも暇乞いの廻勤をつとめた。上検使も三役所へ暇乞におもむき、夜、私の部屋で夜の食事をした。

五月二二日（四月十一日）、ミアコ出立の準備とこの首府での昼食のあと、乗物で、午後一時に海老屋を出発した。

一里旅を進んだところで、仏教の寺・方広寺の大佛の前に着いた。二百年余も存続した特別大きな銅製のこの大仏像は最初の将軍太閤様によって取り壊されて、貨幣に溶かされたという。同種の木像がこれに取りかえられたが、それは五十年前に焼失したということである。そして、そこには、もう五年来の作業で、もう胸部までが仕上がっている五〇フィートの高さのある、大きな木造の大仏像が建造されているのを眺めた。道中は半里続行されて、三十三間堂に到着した。そこには、等身大のそれぞれに二十二本の腕をもつ大観音像が三三三三体認められる、と話されたが、われわれには最高八〇〇体より以上数えることはできなかった。

この寺の脇で、人びとは時折、離れた距離から標的に弓矢を放つ「通し矢」の練習をする。この寺は八〇〇年の古さがあるといわれている。

そこから遠くないところの稲荷前の休憩所である玉屋に立ち寄って休息。そこでは、見送りに来たミアコの御用商人たちから酒宴にさそわれ、仕来りになっていることから、快く参加した。

晩の七時、とても綺麗な船に乗って、大変幅の広い淀川を下った。とても素晴らしい天候に恵まれ、水上で夜を過し、翌朝の五時に大都市大坂のまえに停泊することができた。

ミアコから伏見までは三里の距離で、伏見から大坂までは、船で、十里である。

7　「お買わせ反物」

京の阿蘭陀宿海老屋が江戸の長崎屋と同様に、「お買わせ端物」の便宜を得ていた。この嘉永三年の場合、海老屋の『御用書留日記』に次のようにみえている。

為買端物
一白大羅紗《壱間ニ付弐百三拾目》　　壱間八合
代弐百四十八匁四分
一藍単色大羅紗《壱間ニ付弐百四十目》　弐間弐合三勺
代五百三十五匁弐分
一新織奥縞《壱間ニ付三百目》　三端
代九百目
〆壱貫六百八拾三匁六分
此金廿八両三匁六分
内八両壱歩八分三厘弐毛九弗五
右元代引
残拾九両三歩弐匁八分
田中千代太郎𛀁《より》受取

海老屋の主人村上等一は、献上物・進物の残品のうちから、右の三品を、通詞付筆者で今回の参府随行には勘定役元〆となっている田中千代太郎から受け取っている。それにしても、その値段が注目される。二十八両三匁六分の商品であった。この元代が八両壱歩八分三厘二毛九弗五で、これを引くと、残拾九両三歩弐匁八分というのである。

いつものように元代の一・五倍で買わせていたということであれば、海老屋が買い受けた値は拾両壱歩弐朱壱匁弐分となる。すると、このままの値で転売したとすれば、約拾六両の利を得ることになる。さらに、高い値で売れたらしい。大胆に、一両を現今の十万円と計算すると、一六〇万円の利を得る便宜を得たことになる。となると、これは立派に阿蘭陀宿海老屋の収入源になっていたわけである。

8　大坂の宿は銅座為川

五月二三日（四月十二日）

朝五時半に大坂に着岸した。そして、徒歩で波戸場から程遠からぬところにある宿へ行った。大坂における阿蘭陀宿・長崎屋為川住之助方である。

ここに到着の直後、上検使福井金平および大通詞の小川慶右衛門がこの地の東・西両町奉行のもとに、到着届けにおもむいた。

お昼頃、われわれを、勘定役、普請役、御検使と、会所の所員三人とが訪れた。彼らは仕来り通り、われわれによって応対された。大坂逗留中、宿の警備や両町奉行を訪問などに直接かかわる役人たちであった。会所の所員とは、長崎会所からここ大坂の銅座に務めている役人である。いぜれも、リキュールやコンペイトウ、オランダのタバコでもてなされたわけである。

図38　「住友銅吹所跡」（片桐一男撮影）

図39　「棹吹の図」（『鼓銅図録』より　住友史料館蔵）

9　泉屋での吹所見物・饗応

五月二四日（四月十三日）

仕来りに従って、この地大坂で、いわゆる銅屋、すなわち、鉱山から銅鉱石を取ってくるため、それを溶解し、精製し、それから鉛と銀を分離し、精製銅を輸出向けの「棹銅」に溶かすための役所の世襲御用人を訪問しなければならなかった。

それに従って、今朝八時に、乗物で、そこ泉屋へ行った。綺麗な、そして、とてもキチンとした造作のされた家の中に案内された後に、われわれは鋳造所、すなわち「吹所」に連れていかれた（図38・39）。そこで、種々の工程が見分させられた。その機会に、銅の溶解は五パーセントの損失であがり、毎日、ここで、七〇〇ないし八〇〇カッチー（Cattij, catje 斤）の棹銅が生産される、という確信を得させられた。

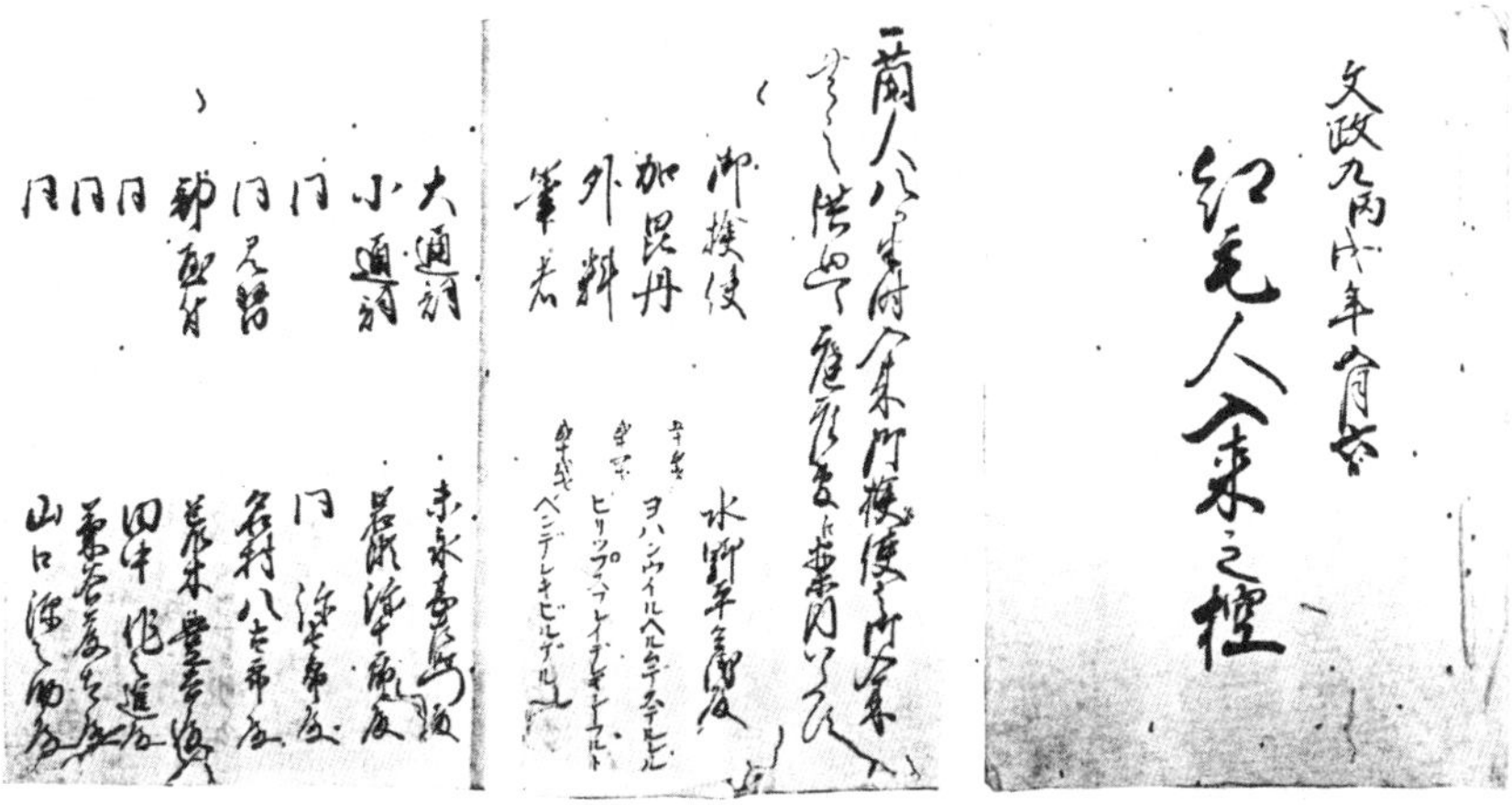
紅毛人入来之控

図40　「紅毛人入来之控」（住友史料館蔵）

この鉱石は四国の天領鉱山の別子銅山で粗塊が溶解される。そして、そのままで大坂の銅溶解工場へ送られる。

視察のあとで、泉屋の大座敷に移り、ヨーロッパ風のテーブルと椅子について、日本の食事を勧められた。

そのテーブルの上にみられたコップ、ホルク(肉刺)、カッフル(小型ナイフ)、フラスコなど、グラスや陶器などいくつかはヨーロッパの製品であった。それから、おいしいお酒を呑ませるための、美しい台付コップはとても古く、そしてオランダの獅子と“Vrijheid-muts”(自由の帽子)の書き込みがみられた。

これらは、以前の商館長からの贈物である。この年の場合、オランダ人の土産として

一酒　　弐徳利
一畑管　　十本
一巻煙艸　壱袋
一割　同　二袋

の四品が「到来」したと泉屋の記録にみえる。

オランダの酒二本、ハウダパイプ十本、葉巻タバコ一袋、きざみタバコ二袋をもってレフィスゾーンが訪れたことがわかる。

後刻、泉屋がカピタンの宿所に銭別の品として「求肥糖一斤入　一箱ずつ」カピタンとドクトルに届けたところ、またまた、お返しとして、次の三品が贈られたという。

一砂糖　大　壱包
一内豆蔻　壱壷
一酒　壱徳利

泉屋の訪問にとても満足して、午前十時に家をあとにして、二里の距離の住吉社へ出かけた。そこへ着くまえに、二〇〇年前に、最初の日本の将軍太閤様が立ち寄られたという、天下茶屋を訪れた。そして住吉社には昼十二時に着いた。

そこでは、七人の、髪を垂らした、とても綺麗に白い絹を着た年老いたり、美しく若い婦人たちによって、宗教的舞いが舞われた。そのあと、いくつかの小さな鈴を持った管首がわれわれの頭上で、われわれに祈りの言葉を与えた。

次に、近くにある浜辺へ行って、高い塔にのぼり、大きな大坂の上や、港湾の上に、眺めをひろげた。

それから、昼食を休憩所浪花でとり、天王寺を見物した。その隣りに、とても立派で、高い中国風の塔がみられた。

植木屋を訪れ、沢山の綺麗な植物や作物をみ、とても疲れたが、大満足して、晩の七時半に大坂における宿に帰った。

今日、一艘の大きな船が上席書記官によって検分され、われわれを兵庫から下関へ、そしてわれわれの荷物を長崎に運ぶためには、良好であると判定された。

10　大坂の町奉行所訪問と観劇

五月二五日（四月十四日）

お昼をすませたあとで、昼十二時頃に乗物で大坂町奉行の館へ行った。往路に仮納めしておいた進物を、京で行なったと同様に正式に進呈した。

奉行の一人は、自身で応対した。そして、八頭の立派な馬を乗らせて、それを庭の席のある小屋で見物するように紹介した。曲馬上覧ということであろう。

もう一人の奉行の家で、奉行がひどい病気であるということで、家老に応対された。しかし、私はほかから、これはすでに幾らかの時間以前に死亡しているのであると聞いた。すなわち、内実は死であるが、外面はなおいきていることである。

大坂の町奉行で公式に死去と記録されているのは、嘉永三年五月十一日卒の中野石見守長胤である。したがって前記の奉行は柴田日向守康直である。

いずれにしても、両奉行の家では、酒に、その他付け合せの食事、味噌汁《みそスープ》（Mieso soep）、碾き茶、お菓子、甘い物で歓待された。

これらの訪問を終えたあと、いわゆる動物飼い、すなわち小鳥や犬を商う商人のところへ行き、そこの綺麗な生き物たちを楽しんで見物したあと、午後四時に宿所へ戻った。

五月二六日（四月十五日）

昨日、中国風の図柄のついた屏風二つを購入した。それは、いつものように、私に見せる前に、三人の下検使によってしらべられて、よいとされた。それにもかかわらず、私は、今朝早くに驚くべきことを聞かされた。すでに私によって買われ、支払い済みの屏風が私に配達されることができなく、そんな風な絵が私たちに売られてはいけないということであるということである。

この気侭の行為について大変怒っているから、今日の遊興すなわち観劇と酒宴をしないと、私は決めた。

これらのことについての情報に接した御検使は私の部屋に出頭してきた。そして、私に、この行き違いは下検使の手落ちに帰せられるだけのものであり、昨日、下検使によって問題の屏風を検分される時に、自分は留守だった、という風の自分自身についての釈明をした。

この釈明で満足することができると思って、私は、今日でかけないという、私の素朴な計画を取り止めた。だから、私たちは、昼食後、乗物で、日本の劇場へ行った。一階と二列の桟敷をもった大きな木造の建物があって、そこでは、私たちのために舞台近くに区分された座席が設けられていて、そこにわれわれの椅子をちゃんと見い出した。

劇場は、演技を観るためよりも、われわれを見るためにきた見物人で混んでいた。

われわれがそこへ到着した一寸あとで、あまり美しくない幕が上がった。舞台の一階を通って、広い道がみえ、そこから、それをつかって演技する役者たちが舞台に現われる。音楽は大体、三味線と鈴からなっていて、それに歌と舞台装置はまあまあよかった。女の役はとても歳をとった男だけで演じられた。

けれども、衣装は綺麗だった。演技をほんの少ししかとか、何もわからなくて、午後三時に、三幕を退屈して観たあと、劇場をあとにした。件の劇場のすべてはこうあった方がよいということが可成のこっていた。

ここで、ちょっと、閑話挿入といきたい。嘉永三年、カピタン一行を案内したとなれば大坂における大きな劇場であろう。中の芝居か角の芝居であろう。しかし『歌舞伎年表』によれば、嘉永三年の角の芝居は、正月から七月まで興行を休んでいる。したがって四月十四日に興行している大劇場は中の芝居ということになろう。竹内有一氏の教示によれば、早稲田大学演劇博物館の番付目録では、中の芝居の番付発行は一月・三月・五月・八月…となっている。したがって四月十四日の演目は三月と同じ演目を引き続き上演しているはずであると。その演目は番付目録によると、

妹背山婦女庭訓《いもせやまおんなていきん》
堂島　救　入浜《どうじますくいのたてひき》

である。カピタンたちが『午後三時』に「三幕」を観て帰ったとなると、妹背山（図41）だけを観て帰った公算も大きくなってくる。

図41　「芝居見物」（竹内有一氏提供）（『番付目録』より）

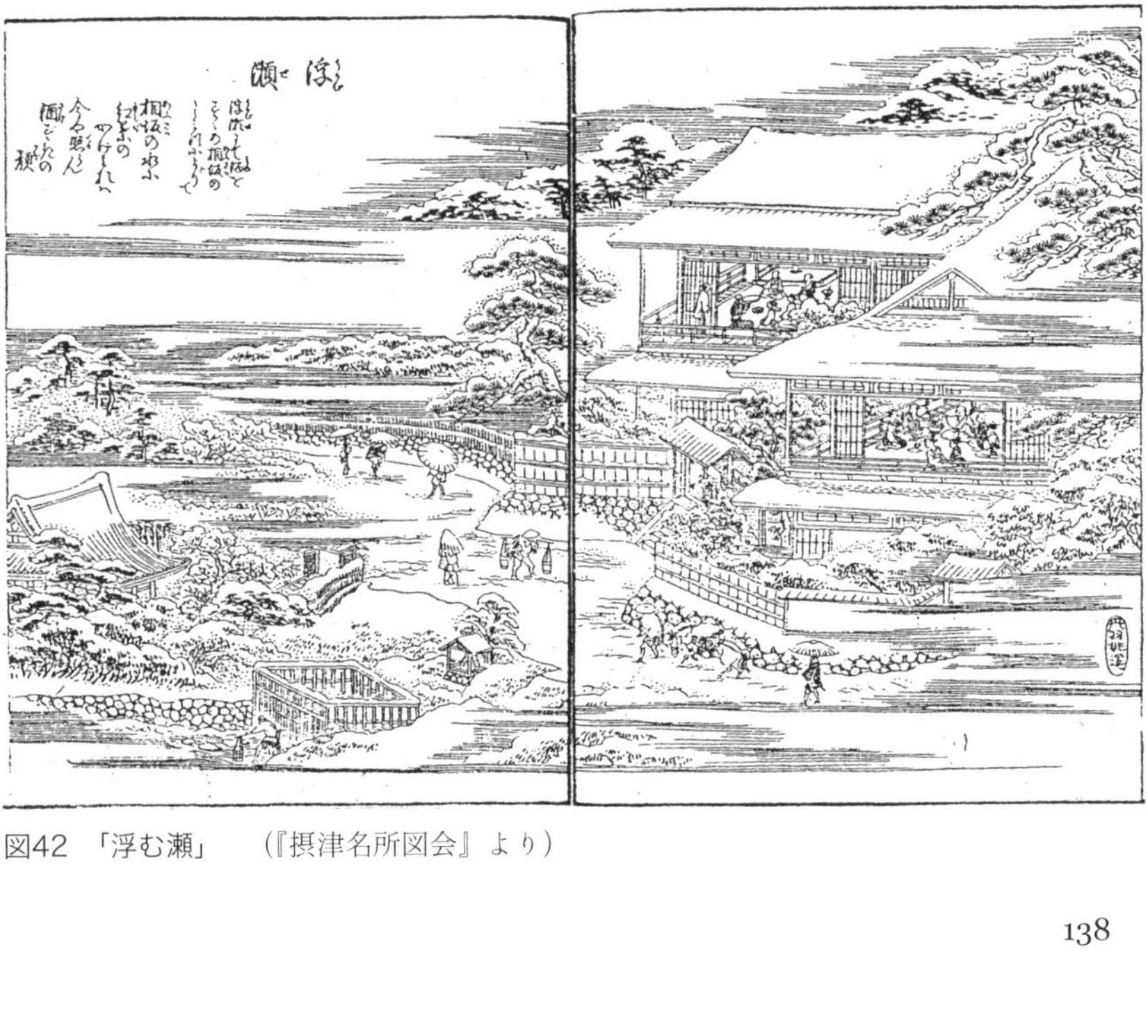

図42　「浮む瀬」　（『摂津名所図会』より）

閑話休題、話をカピタンにバトンタッチ。

「それから、古い習慣にしたがって、浮瀬茶屋に連れていかれた（図42）。そこで、われわれの中食をとり、酒盛りに出席した。あわび貝でつくられた「浮む瀬」という大盃が有名であるということである。そこには、綺麗な酌婦と芸者とがいて芸者のうちから一人だけ三味線の伴奏で踊った。そして、そのところでは、それほど楽しまなかったあとで、晩の九時に宿に帰った。

われわれを見ようとする人の数は、ここ大坂では、非常に多い。われわれが通るところはどこでも、これらの人びとがわれわれを眺めようと群がっている。ここの街路はとても狭く、この市の四人の特別の警備人が、われわれのために、人々の群れを押し分け、道をひろげるのにとても苦労した。

大坂市は沢山の住民を住まわせており、ロンドンの人口の大きさと同等とすることは容易であった。私は敢えて云いたい。この都市はイギリスの第一の首都と同じ大きさであると。

私は、大坂で、この都市に沢山の片眼の人々がおり、それが疱瘡にかかったせいであることに気付いた。」

11　再び船旅

五月二十七日（四月十六日）

「われわれの荷物の大部分は、兵庫で大きな雇い船に運び込まれるために、今は、順次、小船に船積みされた。

午後一時に、われわれは大坂を後にした。途中まで宿の主人が見送りにきた。ほぼ熟した、とても綺麗な麦畑を通って、晩の六時半に西宮の宿泊地に着いた。」

五月二八日（四月十七日）

「西宮から兵庫までの旅は、再び熟した麦畑のそばを、ときには美しい堤防と水路に感嘆したりして進んだ。兵庫に到着したとき、大坂で船積みした荷物はすでに着いていて、それらは下関へ運ぶ大きな庸船に、日没までに積み込まれた。」

五月二九日（四月十八日）

「今日も通詞と検使たちのわずかの荷物が荷積みされ、われわれ一行のために、大きな船にいろいろの部屋が作りはじめられた。

大きな庸船は、通詞と検使らの全ての荷物を積むには十分大きくはなかったので、これを克服するために、小さな船を借りなければならなかった。

中食後、兵庫の街を、美しい海岸に沿って、大いに散歩し、そこで、七〇〇年前に亡くなった有名な武将清盛の墓を見、漁を見物した。そのあと、大きな茶店の奈良屋へ行き、そこで、晩の八時まで大いに楽しんだ。娼妓が三味線と踊りと美しさにおいてすぐれていたからである。」

五月三〇日（四月十九日）

「この日も、大きな船の通詞らの荷物の小船への積み替えが一日じゅう行なわれ、乗客の部屋の仕度が続けられた。」

五月三一日（四月二十日）

兵庫から出発の準備ができたあと、午後一時半に、碇泊所に横付けされた船の甲板に行った。そこで、前例通り仕度された、寝室と食事をしたり坐ったりする部屋がわかった。

日本で、兵庫よりも多く商船の沢山いる碇泊所をみなかった。ここの沿岸貿易はもっとも重要であって、大きな造船所がある。

逆風で出帆はできなかった。

六月一日（四月二十一日）

朝八時に錨を上げたが、烈しい逆風によって、沖の碇泊所に再び碇泊した。

六月二日（四月二十二日）

この日も逆風によって航行できなかった。

夜中に、私はモーニッケ氏と甲板に行った。不運にも、筵でしか覆われていなかったところの入口に落ち、左足と右脇腹に、とてもひどい痛みをおぼえ、歩きにくくなった。

六月三日（四月二十三日）
「この日は無風により、出航不可能であった。午後一時半にモーニッケ氏は散歩をするために岸に行き、四時に戻った。」

六月四日（四月二十四日）
「出帆に適当な風を使用しないならば、再び岸へ戻るという威しさえして、熱心に強いたので、午後四時に、ついに抜錨した。晩の七時に、かすかな微風で、一〇〇艘の船がいっせいに出帆した。北北東の風は次第に増し、烈しくなり、夜の十一時には、もう室を通過した。」

六月五日（四月二十五日）
「夜中航海、インゴ島（因島）で投錨。船頭と水主の大多数はその村の人であったので、彼らはそこへ行った。御検使の随行でモーニッケ氏はインゴ島を訪れる機会に恵まれ、九時過ぎ戻ったが、船頭と水主のほとんどは夜十一時過ぎに戻った。その間、船は船頭頭と水主一人のみ二人だけにゆだねられていたので、私は強い不満を表明した。」

六月六日（四月二十六日）
「朝四時、航海するにはいい風であるとわかったので、私は深く寝込んでいる船員たちを甲板に出てきて、錨を上げさせるように命じた。午後一時半まで航行、凪により、再び、伊予の国の領内であるハコタムラ（伯方村カ）

の前で停船。」

六月七日（四月二十七日）

「午後一時に御手洗村の前で投錨。晩の五時に、モーニッケ氏の強い勧めによって、腰と右脇腹の痛みはあったが、ある尊敬すべき殿様によってなされる酒宴に出席するため。大通詞の小川慶右衛門と一番年をとっている下検使の池嶋七郎太夫とともに岸へ行き、目的の茶店へ行った。そこで、夜の十一時まで大いに楽しみ、六人の芸者と二人の踊り子によって、船まで見送られた。しかし、これらの娘は乗り込むことは許されていなかった。それで、私からいくらかの贈物を受け取ったあと、再び御手洗へ引き返して行った。」

六月八日（四月二十八日）

「今日、強い向い風のために御手洗の前に停泊し続けなければならなかった。この村と島は沢山の船乗りが訪れるので、たとえ小さくとも、かなり豊かな人が住んでおり、その人口は三〇〇〇人と見積られており、小さな劇場さえもある。

午後、モーニッケ氏は、上検使と通詞慶十郎の随行で、御手洗のむこうにある島やマチヤマ、シラカタ村を散歩した。」

六月九日（四月二十九日）

「今日も、私は、朝の四時半に、風の具合が幾分よくなったので、船員たちを彼らの深い眠りから甲板へ呼び出すこと、錨を揚げ、御手洗をさよならするため、今月の六日と同様のことをしなければならなかった。五時半頃、ついに、出航した。最初、よく進めたが、風はだんだん衰えて、わずかしか進めなかった。ついに、晩の六時に烈しい嵐によって追い返されないため、怒和島あたり、およそ五〇尋の深さに錨をおろした。今日、十一里余り進んだ。」

六月一〇日（五月朔日）

「真夜中頃、再び錨をあげたけれども、早朝のうちに三里以上進むことはできなかった。晩の六時まで航行し、凪により屋代島の前で錨をおろさなければならなかった。

われわれのいわゆる船頭、すなわち、人の好い船の貸し主であり、そのうえ、荷主でもある人は、曳舟を手に入れたいために近くの村々へ行った。

村人は彼に十艘の同一の船で援助しようと確約した。しかし、夜中まで応じる様子はなく、翌一一日の朝三時に、たった一隻の曳舟が現れただけだった。

錨をあげたあと、間もなく微風を得た。しかし、朝八時までより長くは続かなかった。上ノ関島によって針路をとった。

十時に有利な風を得、だんだん強くなって、絶え間ない雨にみまわれ、今日、二十二里走ったあと、三田尻島と中ノ関島の間に、晩の六時に錨をおろした。」

六月一二日（五月三日）

「朝七時に、とても適当だが、強風、雨模様のなか、三ツの錨をあげ、そして、全く嬉しいことに、昼十二時に、下関の碇泊所に着いた。

兵庫から下関まで、まるまる日本の一二六里八日行程を、大変な退屈で過した。そして、少しも愉快ではない船で十三日間を費やした。

午後一時に、雨天のなか着岸し、宿の主人ヘンドリク・ファン・デン・ベルク＝伊藤杢之丞の宿に入った。けれども、今日、その人に会うことは快くはなかた。私にとって、まだ私の右脇腹と左脚の痛みが続いて苦しんでいたからである。」

12　再び長崎街道

六月一三日（五月四日）

「昨夜、私は町年寄であり宿の主人であるファン・ダーレン（佐甲氏）の訪問を受けた。そして、今朝、老ヘンドリク・ファン・デン・ベルクの訪問を受けた。」

「このたびは、あわただしい出発で、午前十一時に、下関で乗船し、昼の十二時半に小倉に着いた。

小倉到着後、仕来りによって、私は第六次の手紙を出島のランゲ氏へ書いた。それによって、彼に、われわれが今日最後の場所である小倉に到着したことを報らせ、ほぼ確実に今月の二十日に出島に着くと思うと報らせた。

六月一四日（五月五日）は朝五時に小倉出立、昼食を二時に木屋ノ瀬でとって、晩の七時四十五分、宿泊地飯塚に着いた。

六月一五日（五月六日）は二月二五日のときと同じように冷水峠の頂上にある茶屋で酒宴を催した。山家で昼食、轟で宿泊した。

六月一六日（五月七日）は、神崎で昼食、宿泊は牛津の寺であった。

六月一七日（五月八日）は、塚崎で昼食、宿泊は嬉野の寺であった。

六月一八日（五月九日）は、彼杵で昼食、大村に泊った。小通詞並の名村五八郎、小通詞末席の岩瀬弥四郎が通詞を代表して、三人の下検使とコンプラドール（諸色売込人）が大村まで歓迎に来ていた。」

13　矢上の荷物検査

「六月一九日（五月十日）は、朝五時に大村を出立、途中、休み処で昼食をとったあと、午後二時に矢上宿に着いた（図43）。

寺の離れがわれわれの宿所に割当てられた。私の身分には少しも適合しておらず、食事かつ休息室は、農民の家とか、牛舎に似ているので、上検使に、私が泊まるのにより適当な別の家が得られるか、でなかったら、出島への旅を続けることができるのかを尋ねた。

大通詞の小川慶右衛門は絶えず私の要望に応ずるための用務を受けたが、このための彼の努力は効果を得なかった。

というのは、われわれの荷物は、その荷物が出島に到着するのに問題が起こらないために、なお矢上で検査されねばならないから、それで私は私をして、矢上における宿泊を最終的に服従せしめねばならなかったからである。

荷物の検査と封印が、午後、夕方まで、問題なしに、御検使の面前で、ただ一人の下検使によって、いわゆる探番なしで表面的に行なわれた。そのあとで、これらの検使たちおよび通詞の小川慶十郎は私の部屋で夕食をした。

この矢上には、小通詞の名村貞五郎をはじめ、通詞会所の数人の筆者、数人の下検使、いろいろの出島係りの人々、参府一行の親族らが出迎えに来ていた。」

図43　「矢上宿」（片桐一男撮影）

14　出島帰着

六月二〇日（五月十一日）

「ついに、決して快くない参府旅行の最終の日となった。

朝五時に、寝具や食事道具すべてが、一人の下検使によって、表面的に点検が行なわれ、そのあと、五時半に、最後の出島への旅を開始した。

日見峠（図44）で、補助員のランゲとルカス、マレイ人の召使チテゥスとジャル、および沢山の知人が出迎えていた。

図44　日見峠関所跡
（片桐一男撮影）

沢山の通詞、コンプラドール、諸商人たちが、出島への大通りにおいて、出迎えのために現われた。そして、長崎でわれわれが進むところの通りは見物人であふれていた。

午前十時に、私は嬉しく出島に着いた。そこで、私は、全て最善の秩序に戻ることの出来た喜びを見い出した。そして、われわれの小島と居室の整然さは、オランダ商館の臨時の監督とされて、そこに詰めていた第一級補助員ペー・イェ・ランゲ氏の世話によって、これ以上望むところはなかった。

日本オランダ商館長
J・H・レフィスゾーン」

第六章　五都市六軒の阿蘭陀宿《オランダやど》

1　五都市六軒の阿蘭陀宿

カピタンの江戸参府旅行は、宿駅を早朝に出立、次の宿駅で昼食をとる休憩、そのあと、引き続き次の宿駅まで旅して泊まる、という一休一泊を基本方針とする旅程であった。

その江戸参府旅行のオランダ商館長＝カピタン一行が、往路、復路ともに幾日か滞在した定宿《じょうやど》を「阿蘭陀宿《オランダやど》」と呼んでいる。

五都市六軒の阿蘭陀宿名を記す記録として次の諸資料をみることができる。

イ、享保六年（一七二一）の長崎「諸役料帳」（図45）

江戸阿蘭陀宿　　長崎屋源右衛門

京　同　海老屋与右衛門
大坂同　長崎屋五郎兵衛
下関同　佐甲伝兵衛
　　　　伊藤左内
小倉同　大坂屋善太郎

ロ、文化九年（一八一二）の「長崎諸役人幷寺社山伏」（図46）

阿蘭陀宿　江戸　長崎屋源右衛門
　　　　　京　　村上専八
　　　　　大坂　為川辰吉
　　　　　小倉　宮崎善助
　　　　　下ノ関　伊藤助太夫
　　　　　　　　佐甲三郎右衛門

ハ、文政三年（一八二〇）の「長崎役人分限帳」

これには「京江戸大坂小倉下ノ関、阿蘭陀宿」として、
江戸石町[三]二丁目　長崎屋源右衛門
京三条通　村上専八

大坂道修町通　長崎屋平十郎
小倉　宮崎善助
下ノ関　佐甲三郎右衛門
　伊東助太夫

二　その他「長崎諸役人帳」

阿蘭陀宿　江戸　長崎屋源右衛門

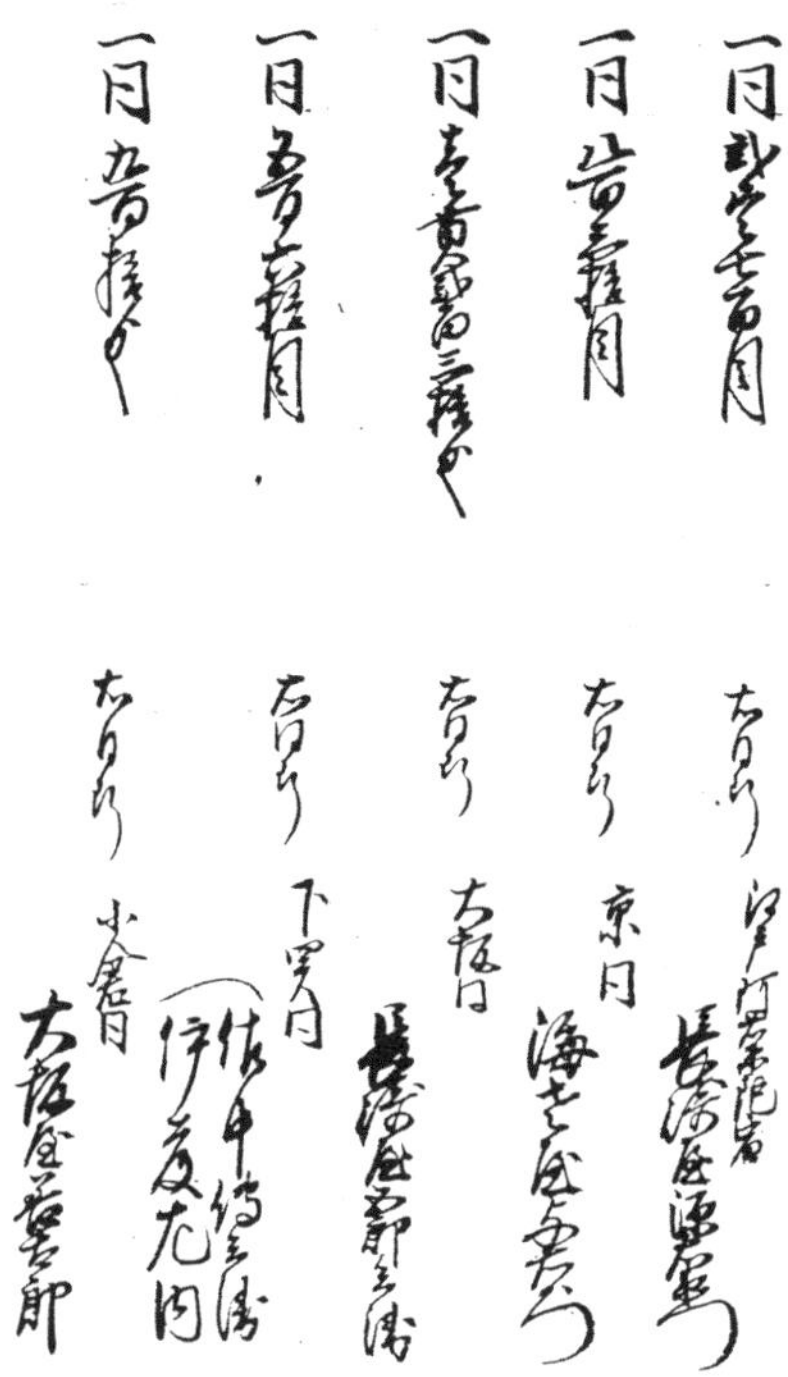

図45　「長崎諸役料帳」（享保6年（1711））

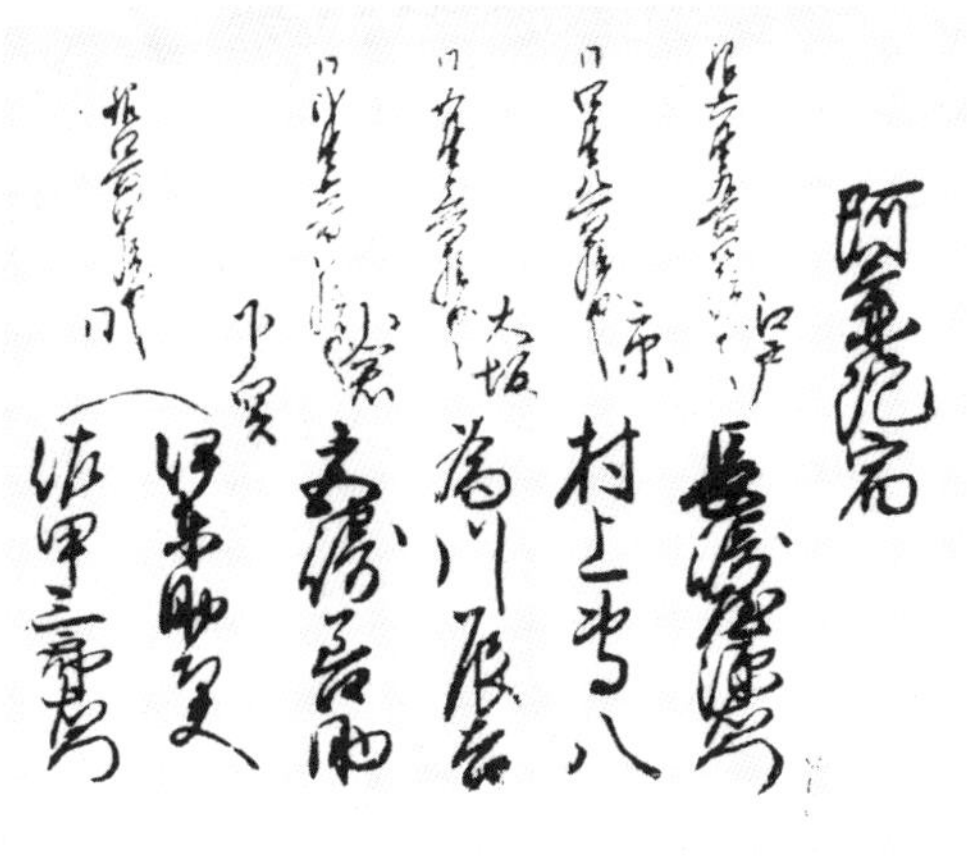

図46　「長崎諸役人并寺社山伏」（文化9年（1812））

京　　村上専八
大坂　長崎屋辰吉
小倉　大坂屋善助
下ノ関　伊東杢之允
同　　佐甲甚右衛門

ホ、内閣文庫の「長崎諸役人帳」

阿蘭陀宿　江戸　長崎屋源右衛門
京　村上専八
大坂　長崎屋辰吉
小倉　大坂屋善助
下ノ関　伊東杢之丞
佐甲甚右衛門

へ、その他の資料による追加も含めて、結局

江戸日本橋本石町三丁目　長崎屋
京三条通リ下ル町　海老屋
大坂道修町通（過書町）　長崎屋

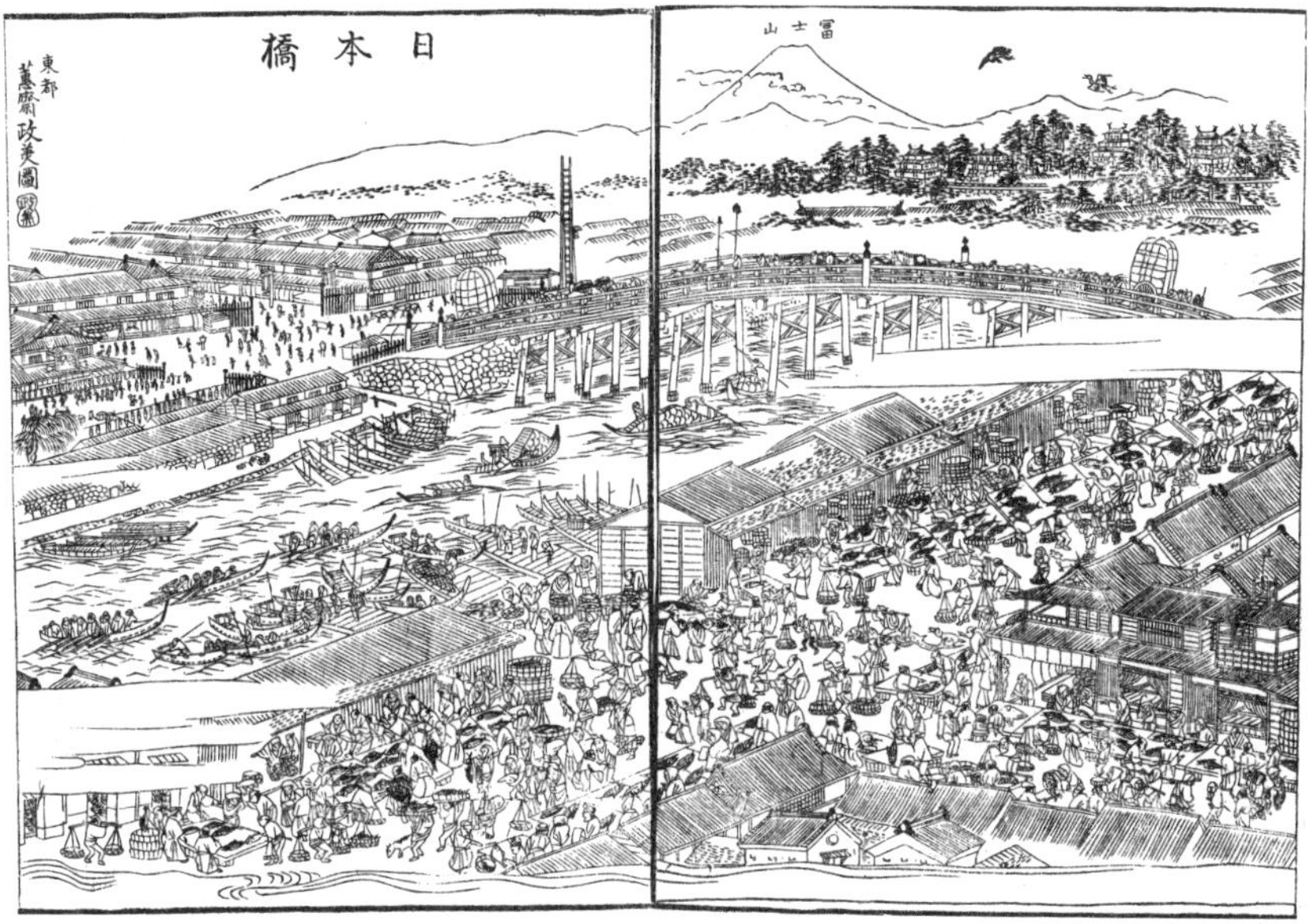

図47　江戸日本橋（『江戸名所図会』より）

下ノ関　伊藤家
　　　　佐甲家
小倉（船頭町一丁目）　大坂屋

ということになる。

2　江戸の長崎屋

江戸日本橋（図47）の長崎屋については、『阿蘭陀宿長崎屋の史料研究』（雄松堂出版、二〇〇七年）を出版したことがある。ここでは、その要目を掲げて、簡潔に説明を付けてみる。

〈屋号〉長崎屋は屋号で、本姓は江原。主人は代々源右衛門と称した。

〈所在〉江戸日本橋本石町三丁目

〈警備〉カピタン一行滞在中、町奉行の普請役二人と組同心二人が、昼夜詰め切りで警備に当たった。

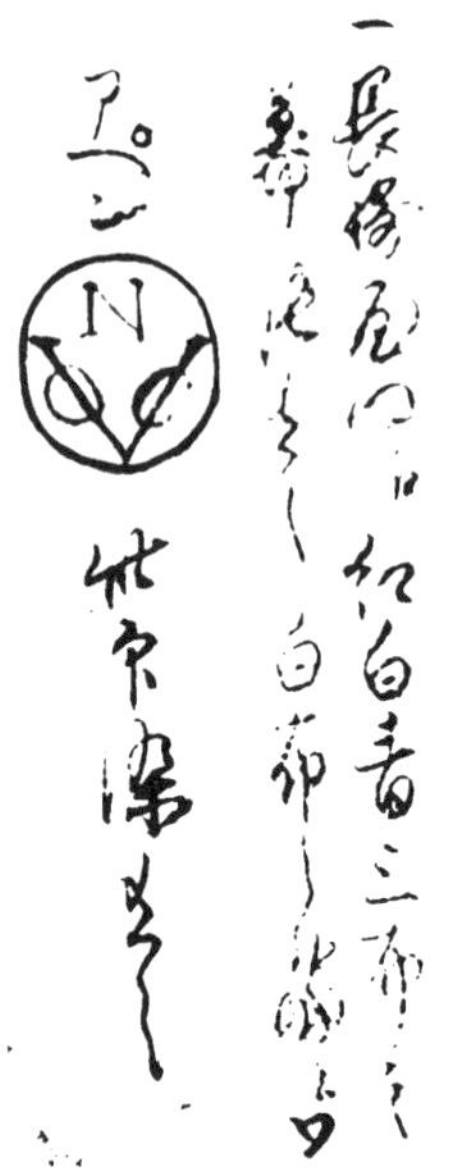

図48　長崎屋の門に掲げられていたオランダ幕にみえるワッペン（古河歴史博物館蔵、国指定重要文化財）

〈開門〉 朝六時（むつどき）開門、晩五時（いつつどき）〆切、夜九時（ここのつどき）鍵をおろす。

〈出入り〉 出入りの者に「焼印札」を持たせ、「判鑑」と引き合わせて通す。

〈物品〉 品物の「品書（リスト）」を普請役が見届け「小印（見届印）と「押印」を捺印して通過させた。

〈蔵と地下蔵〉 献上物・進物を、また被下物（時服）を保管する蔵と地下蔵を所持していた。

〈蘭人の買い物〉 オランダ人の諸品買い入れは、江戸番通詞と諸色売込人（コンプラドール）による見分がなされる。品物は長崎屋が改めを受けてから蘭人にみせる。二十七軒の「定式出入商人」から持ってきてもらう（六九ページ参照）。

〈オランダ幕〉 参府のオランダ人一行滞在中は長崎屋門に「オランダ幕」（図48）が掲げられていた。

〈家業〉 長崎屋の家業は薬種問屋、小売りも行う。

〈江戸参府人名表〉 「江戸参府人名表」を作成して提出。

〈唐人参座〉 享保二十年（一七三五）幕府が、人参座を設置すると、唐人参座の座人を務め、輸入人参の販売を扱った。

〈和製龍脳売弘取次所〉 明和年中（一七六四～一七七二）には和製龍脳売弘取次所を命ぜられて務めた。

〈蕃書売捌所〉 安政五年（一八五八）、蕃書売捌所を命ぜられ、輸入の外国書籍の取次業務を行った。

図49　江戸長崎屋の二階広間（永見徳太郎氏旧蔵）

〈江戸長崎会所〉 万延元年（一八六〇）、それまでの唐人参座を江戸長崎会所と改め、輸入の「蕃書」と「西洋銃」の「入札払い」などを扱い、唐人参の売捌きの業務は休業とした。

〈登城・廻勤の先導〉 カピタンの江戸城登城当日は長崎屋源右衛門が先導、廻勤時も同様。

〈類焼〉 過密都市日本橋に在って、類焼に遭うことたびたび。江戸時代を通じて何度類焼にあったかは不明。

〈再建〉 幕府からの「拝借金」とオランダ商館からの「贈砂糖《おくりさとう》」で賄った。

〈進物残品の販売〉 幕府高官へ進呈された進物を引き受け、越後屋に販売させた。

〈二階広間〉 長崎屋の二階広間（図49）は多目的ホールとして利用された。

1　学術研究室として。例えば、シーボルトは最上徳内と蝦夷語辞典の編纂作業を行った。

2　日蘭交歓のサロンとして。訪問した諸侯やその従者と歓談を行い、シーボルトのごときは持参の

図50　シーボルトから贈られたピアノ（熊谷美術館蔵）

ピアノ（図50）を演奏して聞かせた。

3　日蘭交歓　双方の贈り物交換の場として活用した。例えば鷹見泉石は日光産の草木鳥獣類の画折本をシーボルトに贈り、ビュルゲルから「アルコレの戦い」図をもらっている。

4　密談場所として。例えばシーボルトは天文方の高橋景保と密談、のちにシーボルト事件を引きおこした。

〈家族〉娘つるとみのがブロムホフに宛てた手紙によって、その時点で、祖父母、父母、娘二人が存在。使用人の手代、門番、人足、賄、台所働きらがいたと記している。

〈輸入書籍〉明治二年、外国官へ差し出した西洋書籍が壱万七千弐百八拾冊あった。その他引き残した書籍がかなりの数にのぼっていた。

3　京の海老屋

京の海老屋については、『阿蘭陀宿海老屋の研究　I研究篇、II史料篇』（思文閣出版、一九九八刊）と、『京のオランダ人――阿蘭陀宿海老屋の実態――』（歴史文化ライブラリー40　吉川弘文館、一九九八年刊）を出版したことがある。ここでは、その要目を掲げ、簡潔に説明を付けてみる。そのあとで、他のオランダ宿には見られない、オランダ語の会話書である「色々な話し方」を紹介してみる。

〈所在〉　河原町三条下ル町。宿は小さく、主人は貸坐敷の物色に苦労していた（一一七ページ参照）

〈進物仮り納め〉　蘭人は往路、三役所（京都所司代、東・西町奉行所）への進物を仮り納めする。復路正式に贈呈。

〈道中人馬幷船川渡証文〉　東海道中の手形を京都所司代からもらい、復路返納する。

〈買物〉　往路「海老屋定式出入商人」より売り込みに来てもらい「諸色売込人（コンプラドール）を介して買い物をし、復路受け取って帰った。（一一九ページ参照）

〈京見物〉　復路滞在中、東山辺の知恩院、祇園社、二軒茶屋で豆腐切り（図37）、清水寺、方広寺の大仏、三十三間堂の通し矢を見物、稲荷社を経由して、伏見へ下った。

〈高瀬川、高瀬舟〉　高瀬川の高瀬舟は人を乗せない、と言われてきたが、江戸参府のカピタンらを乗せていた。（二〇七ページ参照）

〈買わせ反物〉　江戸の長崎屋と同じく、献上・進物残品を海老屋にも買い取らせていた。（一一二ページ参照）

4　〈オランダ語会話書〉

いつの頃からか、海老屋の主人は阿蘭陀通詞に作ってもらったオランダ語会話書を所持するようになった。それによってカピタンと随員を接待していた。

(1)　覆刻オランダ語会話書『色々な話し方』

海老屋の「オランダ語会話書」は神戸市立博物館の所蔵する旧池長コレクションに属する京都の阿蘭陀宿海老

屋関係文書中の一本である。縦一三・八、横四〇・一センチメートル、全十丁のうち九丁に認められた横長帳である。第一丁表に表題と所持人の記載がオランダ語で認められ、その裏に凡例とも思える注意書がみえる。本文は第二丁目表から始まり、第九丁裏まで、全部で八〇例の会話例を収める。それぞれの会話文は、まずオランダ語文が示され、次いでその読みを片仮名表記で示し、その後、日本語訳が添えられている。このうち、特に読みの片仮名表記に当たっては、オランダ語の一語一語の区切りを判然とさせるため、各語の間に朱点・が施されている。本稿覆刻に当たっては黒点・で代用する。また、後で検討を加える便宜の必要上、各会話文の頭部に通し番号を付す。破損等で欠けている文字で筆者の補ったところには〔 〕を以て区別した。

会話例八〇例のそれぞれの下部に筆者の現代語訳をつけておく。

〔覆刻〕

(第一丁表)

Verscheijde Spreek Wijzen.

Dit behoord aan

Moerakami

(第一丁裏)

〔此印シハ
・〔クギリ也

｜
此印シハ
引ナリ

✓
此印シハ
ツムルナリ

？
此印シハ
尋之言葉
ナリ

(第二丁表)

(1) Goeden Morgen Mijn heer.
グイ・モルゴ《ゲン》・ミ子ール・
能キ朝ニ御座候

(2) Goeden dag mijn (h) geer.
グウデン・ダク・ミ子ール・
能キ昼ニ而御座候

(3) Goeden avond mijn heer.
グイ・ナアホント・ミ子ール・
能キ晩ニ而御座候

(4) Hoe vaart mijin heer?

(1) お早うございます。

(2) 今日は。

(3) 今晩は。

(4) いかがですか。

ウー・ハアルト・ミ子ール・
如何御暮被成候哉

（5）Vaar wel.
ハール・ウヱル・
能暮ス

（6）'t is vandaag zeer koud.
ヘット・イス・ハンダーク・セール・コウト・
今日者至而寒ク御座候

（第二丁裏）

（7）'t is vandaag zeer warm.
ヘット・イス・ハンダーク・セール・ワルム・
今日は至而あつく候

（8）'t is slegt weer vandaag.
ヘット・イス・スレキト・ウヱール・ハンダーク・
今日者悪キ天気ニ而御座候

（9）'t is mooij weer vandaag.
ヘット・イス・モーイ・ウヱール・ハンダーク・
今日は宜キ天気ニ而御座候

（5）息災に暮らしています。

（6）今日はとても寒いです。

（7）今日はとても暖かです。

（8）今日は悪い天気です。

（9）今日はよい天気です。

(10) Kom op mijn heer.
コム・ヲップ・ミ子ール・
上ニ御出可被成候

(11) Kom in de zaal.
コム・イン・デ・サール・
座鋪江御通リ可被成候

(12) Kom mijn heer op de zolder.
コム・ミ子ール・ヲップ・デ・ソルドル・
二階へ御出可被成候

(第三丁表)

(13) Wil u zoopie drink?
ウィル・ユー・ソーヒー・テリンキ・
其許者酒ヲ御用ひ不被成候哉

(14) neen, dank mijn heer.
子ーン・ダンク・ミ子ール・
いや忝御座候 〔是ハ呑タムナキ時分ニ申言也〕

(15) ik ben vandaag verbuijs om dat gisteren avond al te gedronken.

(10) おあがり下さい。

(11) 座敷にお入り下さい。

(12) 二階へおあがり下さい。

(13) 一杯飲みますか

(14) はい、有難うございます。(もしくは) いいえ、結構です。

(15) 昨夜、飲み過ぎましたので、今日

イキ・ベン・ハンダーク・フルボイス・ヲム・ダット・
ギストル・アーホント・アル・テ・ヘドロンコ・
私儀昨夜餘り大酒仕候故今日は二日酔いたし申候

(16) als het u belieft mijn heer.
アシュ・ベリーフト・ミ子ール・
其許御意ならバ　〔是ハ何ニ而も心得申候と云ヿ也〕

(17) gelieft schenkt zoo vol niet.
ヘリーフト・シケンキト・ソー・ホル・ニイテ・
左様一盃ハ御盛被成被下ナ

(18) ik ben nugter va[n] Sake.
イキ・ベン・ニュフトル・ハン・サケー・
私儀はげ〔こ〕ニ而御座候

（第三丁裏）

(19) Op u [gezon] deheid mijn heer.
ヲップ・ユー・ゴソンテヘイト・ミ子ール・
其許様御堅固ヲ祝シ呑申候

は二日酔です。

(16) どうぞ。

(17) そんなに一杯に注がないで下さい。

(18) 私は下戸です。（もしくは）私は禁酒をしています。

(19) あなたの健康を祝して。

〔是ハ酒呑候前ニ
申候あいさつ也

（20）dat is zeer rekker zoepie.

ダット・イス・セール・レッケル・ソーヒー・

是者至極味宜キ酒ニ而御座候

（21）als 't u belieft nog Een glasje.

アシュ・ベリーフト・ノフ・エーン・ガラーシイ・

其許御好ならバ先一コップ

〔是ハ又ゝ一コップ
酔度ト云時
之言也

（22）ik ben zeer gedronk.

イキ・ベン・セール・ゲドロンコ・

私者至而酔申候

（23）geef mij wijnig zuiker.

ヘーフ・メイ・ウエイニク・ソイクル・

私江砂磄《ママ》少々被遣《アタヘ》ヨ

（第四丁表）

（20）これはとてもおいしい一杯（酒）です。

（21）どうぞ、もう一杯。

（22）私は大変酔っています。

（23）私に少々砂糖を下さい。

(24) dank zeer mijn heer.
ダンキ・セール・ミ子ール・
忝御座候

(25) Hoe zijt dat de hollansche taal?
ウヽ・セイト・ダット・ホルランツ・タアル・
是者阿蘭陀言葉ニ而は何と申候哉

(26) Wat is dat?
ワット・イス・ダット・
是者何か

(27) dat is lessenaar.
ダット・イス・レッセナール・
是者文庫ニ而御座候

(28) dat is zeer mooij.
ダット・イス・セール・モーイ・
是者至而見事宜敷御座候

（第四丁裏）

(29) ik zal u Een paal tamenden te geven.
イキ・サル・ユー・エーン・パール・タムヱント・ヘーヘン・

(24) どうも有難う。

(25) オランダ語でこれを何といいますか。

(26) あれは何ですか。

(27) これは机（書見台）です。

(28) それはとても見事です。

(29) 私はあなたに鴨一番を差上げます。

拙者其許江鴨一番差上可申候

（30）ik ben zeer dank dat u gepresenteerd.

イキ・ベン・セール・ダンク・ダット・ユー・ゲプレセンテールト・

其基御進物ニ預リ至而忝御座候

（31）'t is geen dankens waard.

ヘット・イス・ゲーン・ダンクス・ワールド・

夫者御礼ニは不及候

（32）dan zal ik heen.

ダン・サル・イキ・ヘーン・

然らバ私者罷帰ル

（第五丁表）

（33）Nog wat u blijf.

ノウ・ワット・ユー・ブレイフ・

今少被居ヨ

（34）ik zal morgen werm komen.

イキ・サル・モンゴン・ウエルム・コウメン・

拙者明朝又参り可申候

（35）Gehoor zaam dienaar mijn heer.

（30）あなたの贈物、どうも有難う。

（31）どういたしまして。

（32）では、私は帰ります。

（33）もう少し居なさい。

（34）私は明日また参ります。

（35）旦那様。

ゲホールサアム・デイナル・ミ子ール・
私者其許様へ遣ル《ツコー》下《(家)》来ニ而御座候

〔是ハ都テ人ヲ謹而申言葉也先面談いたし候時もいふ　又帰り候節もいふ也都而人ヲウヤモヲ言也〕

(36) dienaar mijn heer.

ディナール・ミ子ール・
其許へつかへる家来

〔是モ右ニ同様ナル言ナリ〕

(第五丁裏)

(37) ik wensch u goede reis mijn heer.

イキ・ウエンス・ユー・グウデ・レイス・ミ子ール・
其許様宜敷旅被成候様ニ私儀所希候

(38) Vaar wel mijn heer tot weder ziens.

ハール・ウエル・ミ子ール・トット・ウエードル・シーンス・
又得御意候迄随分堅固ニ御暮し可被成候

(39) ik wensch uw gezondheid mijn heer.

(36) 旦那様。

(37) よい御旅行を。

(38) またお目にかかるまで、御機嫌よう。

(39) 御健康をお祈りいたします。

イキ・ウエンス・ユー・ゴソントヘイト・ミ子ール・
私貴公様御堅固之段奉希候

(40) Wel kom mijn heer.
ウエル・コム・ミ子ール・
吾君能御出被成候
又ハ《日本ニ而》能御出被成候と申事なり
〔是ハ都テ阿蘭陀人
當着いたし候節
申言葉ナリ

(第六丁表)

(41) ik ben zeer verblijd dat uw gezondheid.
イキ・ベン・セール・フルブレイト・ダット・ユー・ゴソントヘイト・
其許御堅固之段私ニおいても至而大慶ニ奉存候

(42) ik ben al te beschaam dat u mij dikwils gepresenteerd.
イキ・ベン・アル・テ・ベシカーム・ダット・ユー・
メイ・テッキウイルス・ゲプレセンテールト・
其許ゟ毎度預御進物ニ拙者ニおいて餘りはづかしく有之候

(43) heb u vrouw of kinderen?
ヘブ・ユー・フロウ・ヲフ・キンドル・

(40) いらっしゃいませ。

(41) お元気で何よりに存じます

(42) 度々の贈物、おはずかしく存じます。
(もしくは) 度々の贈物、忝く存じます。

(43) 御家内か、お子さん方はお持ちですか。

（44）其許御内室又子供衆被成御座候哉
ja, ik heb een vrouw of twee kinderen.
オー・イキ・ヘブ・ヱーン・フロウ・ヲフ・テウヱー・キンデレン・
成程私妻又子供二人有之候

（第六丁裏）

（45）hoe oud is u vrouw?
ウ、・ヲウト・イス・ユー・フロウ・
其許御内室は何才ニ御成候哉

（46）Zij is twee en twintig jaaren.
セイ・イス・テウエー・ヱン・テウヱンテキ・ヤーレン・
カレハ弐拾弐才ニ相成申候

（47）hoe oud is u?
ウ、・ヲウト・イス・ユー・
其許者何才ニ御成り被成候哉

（48）ik ben vijfen twintig jaaren oud.
イキ・ベン・ヘイヘン・テウヱンテキ・ヤーレン・
ヲウト・

（44）はい、私は妻と二人の子供があります。

（45）あなたの御家内は何歳ですか。

（46）彼女は二十二歳です。

（47）あなたは何歳ですか。

（48）私は二十五歳です。

私者二拾五才ニ相成申候

（49） U bent nog jong.
ユー・ベント・ノク・ヨンゴ・
いまだ其許は若ク有之候

（50） ik denk u nog jong.
イキ・デンク・ユー・ノフ・ヨンゴ・
其許者未御若年と存候

（第七丁表）

（51） hoe heet u maam?
ウヽ・ヘート・ユー・ナアム・
其許之御名ハ何と申候哉

（52） mijn naam is boenzoo.
メイン・ナーム・イス・ブンゾー・
私名者文蔵と申候

（53） Wat ben u dienst?
ワット・ベン・ユー・テインスト・
其許者何ヲ勤ル人ニ而有之候哉

（54） ik ben herbergier van de hollanders.

（49） あなたはまだお若い。

（50） あなたはまだお若いと存じます。

（51） あなたは何という名ですか。

（52） 私の名は文蔵です。

（53） あなたのお仕事は何ですか。

（54） 私は阿蘭陀宿の主人です。

イキ・ベン・ヘルベルフヒール・ハン・デ・ホル
ランドルス・
私者阿蘭陀宿ニ而御座候

(55) hoe veel maal komt u hier in de japan?
ウヽ・ヘール・マール・コムト・ユー・イン・デ・
ヤッパン・
其許ハ日本へ何度御出被成候哉

(第七丁裏)

(56) ik ben dit jaar eerste maal geweest.
イキ・ベン・デット・ヤール・エールステ・マー
ル・ゲウヱースト・
拙者当年初而参り申候

(57) hoe veel heb u geld?
ウヽ・ヘール・ヘブ・ユー・ゲルト・
何程其許様は金を御所待(持)被成候哉

(58) ik heb zooveel.
イキ・ヘブ・ソー・ヘール・
私者餘計ニ所待(持)仕候

(55) 何回日本に来られましたか。

(56) 私は当年初めて参りました。

(57) どれくらい、お金を持っていますか。

(58) 私は沢山持っています。

（59）dat is zeer belaggelijk.
ダット・イス・セール・ベラッヘレイク・
是ハ甚たおかしく有之候

（60）'t is niet waar.
ヘット・イス・ニーテ・ワール・
是ハ誠ニ而は無御座候

（第八丁表）

（61）'t is waar.
ヘット・イス・ワール
誠ニ而有之候

（62）Zie daar staad een mooij zuster.
シイ・ダール・スタート・モーイ・ジュストル・
彼所へ敷宜娘壱人立居申候ヲ御覧可被成候

（63）ja, zij is mooij dogter.
ヤー・セイ・イス・モーイ・ドフトル・
成程カレハ宜キ娘ニ而有之候

（59）それはとてもおかしい。

（60）これは本当ではない。

（61）これは本当です。

（62）あそこに立って居る綺麗な娘をご覧なさい。

（63）はい、彼女は綺麗な娘さんです。

但シ女ヲさして彼人又カレハ抔と云時ハセイイストと申候又男ヲさして彼人又カレハ抔と云時ハヘイイスと申也

（64） is u bemind voor die of zijn?

イス・ユー・ベミント・ホール・セイン・

其許ハカノ人江被好《ス》候哉

但し俗ニ云〔其許ハ〕彼人ヘホレラレ候哉といふ〔言也〕

（第八丁裏）

（65） ja, ik ben zeer bemind.

ヤー・イキ・ベン・セール・ベミント・

成程拙者はほれ申候

（66） dan zal ik u schik.

ダン・サル・イキ・ユー・シキッキ・

然らば拙者世話いたし可申候

（67） ik verzoek het vriendelijk.

イキ・フルスーク・ユー・フリーンデレイク・

（64） あなたは、あの娘をお好みですか。

（65） はい、私はとても好きです。

（66） では、お世話いたしましょう。

（67） どうぞ、よろしく。

私其儀を偏に御頼申上候

(68) als het u belieft.

アシュ・ベリーフト・

心得申候

是ハ阿蘭陀和解ニ而は其許御好みならバといふ事也日本ニ而心得申候と云言葉ニあたるか

(69) hoe laat is het?

ウヽ・ラート・イス・ヘット・

何時有之候哉

(第九丁表)

(70) Gelieft u mij onderwijs dat de hollansche zangen.

ヘリーフト・ユ・メイ・ヲンドルウヱイス・ホルラクンツ・サン《ク》フ・

私江阿蘭陀哥ヲ御おしへ可被成候

(71) mag binnen kom?

(68) どうぞ。(もしくは)承知しました。

(69) 何時ですか。

(70) どうぞ、私にオランダの歌を教えて下さい。

(71) 入ってもよろしいですか。

マフ・ベン子ン　コム・

内へ可参儀相成候哉（是ハ阿蘭陀人居間之入口へ参り候節之あいさつ言葉也）

（72）hoe veel kost dat in de batavia?

ウヽ・ヘール・コスト・ダット・イン・デ・バター

ヒャー・

是ハじゃかたらニ而はあたへ何程いたし候哉

（73）Ken u leesen japansletter?

ケン・ユー・レーセン・ヤンパンス・レットル・

其許日本文字ヲ読被得候哉

（第九丁裏）

（74）ik kan niet leesen.

イキ・カン・ニーテ・レーセン・

拙者読得不申候

（75）mag dat u mij geef?

マフ・ダット・ユー・メイ・ゲーヒ・

是を私へあたへられ候儀相成申候哉

（72）これはバタビアでいくらですか。

（73）日本の文字が読めますか。

（74）私は読めません。

（75）これを私に下さいませんか。

（76）mag niet.
マフ・ニーテ・
不成候［是をくれられ候儀相成候哉と云言也］

（77）hoe heet zijn maam?
ウ、・ヘート・セイン・ナーム・
彼人名ハ何と申候哉

（78）mag ik deese kist op?
マフ・イキ・デーセ・キスト・ヲップ・
拙者此ひつ明ケ候儀可成哉

（79）U moet schei er uijt.
ユー・ムート・シケイ・エル・ヲイト・
其許其儀御仕舞可被成候

（80）ik heb al lang klaar gemaakt.
イキ・ヘブ・アル・ランガ・カラール・ゲマークト・
拙者は最早宣告ゟ相仕舞居申候

（第十丁表・裏、白）

（76）できません。

（77）あの人の名前は何といいますか。

（78）私はこの箱を上げられましょうや。

（79）あなたは、おしまいにしなければなりません。（もしくは）あなたはやめなさい。

（80）私はずっとまえに終わっています。

(2) オランダ語会話書『色々な話し方』の検討

次に、右の会話書の表記・表現上の誤り・問題点を順次検討してみたい。

表題の Verscheijde Spreek Wijzen. は表記に誤りなく、「色々な話し方」と翻訳できる。Dit behoord aan Moerakami. も表記上の誤りはなく、「村上所持」という意味である。ここにみえる「村上」は、(52) 条で「私名者文蔵と申候」と明記しているから、京都の阿蘭陀宿海老屋の主人村上文蔵を指している。

村上文蔵については、同家が天明八年(一七八八)焼失によりそれ以前の詳細は知り難い。しかし、『阿蘭陀宿相続方手続之ひかえ』中の記載によれば、二代続いた阿蘭陀宿の海老屋を広野与右衛門から初代村上文蔵が引き継いだのは宝暦九年(一七五九)のことである。二代目は弁蔵といったが、のち文蔵を襲名、相続願いが明和二年(一七六五)に出され、オランダ宿の相続が許されたのは明和七年(一七七〇)であった。三代目には二代目文蔵の従弟専八を養子に入れ、寛政五年(一七九三)三十五歳の専八に阿蘭陀宿を相続させた。以降の阿蘭陀宿海老屋村上家には文蔵名は見受けられない。

したがって、阿蘭陀宿海老屋の主人としての村上文蔵は初代と二代と二人存在したわけで、それは宝暦九年(一七五九)から寛政五年(一七九三)にかけてのことである。いま問題にしているオランダ語の会話書を所持していた村上文蔵は、(48) 条で「私者弐拾五才ニ相成申候」と自己の年齢を紹介しているものの、それが何年のことか、したがって、初代の文蔵か、二代目の文蔵か、にわかに判明しかねる。ここでは、ひとまず一七五九年から一七九三年の三十五年間を出るものではないことのみを確認しておきたい。

しかし、会話文 (44) (45) (46) の各条からみるに、この文蔵は二十二歳になる妻女との間に二人の子供をもち、(54) 条で明言するごとく、阿蘭陀宿の主人といっている。初代文蔵が広野与右衛門から「拝借銀」の年賦返済とともども引き継ぎ、十二ケ年阿蘭陀宿を勤め、その後二代目文蔵が二十三年間も勤めていることなどを考慮にいれてみるとどうも、二代目文蔵が海老屋を引き継いで間もない、若い頃、家業に精を入れるべく、その一助にもと、かかるオランダ語会話の雛形をも用意したものではあるまいかと察せられる。もしこの推定が許されるならば、この会話書は明和七年（一七七〇）から寛政五年（一七九三）の二十三年間を出るものではないが、更に（48）（49）（50）の各条において強調されている主人文蔵の若さを考えれば、明和の頃か、それをさほど離れない頃のものと察せられるのである。

凡例に属する四点をみてみたい。・は「クギリ」という一語一語の読みを区切って付けたもので一目瞭然である。―は「引」といっている。長音符号である。✓は「ツムル」しるしだといっている。（13）（42）（53）の各条にみえている。筆者は実際声を出してこれらの各条を読んでみた。いずれもこの符号のついている箇所では一呼吸詰まる。文アクセントの置かれているところである。このような微妙な発音上の表現は常々母国語を話す人であるオランダ人に接している者でなければ聞き取ったり、発音したり出来るものではない。「ツムル」は「詰まる」もしくは「詰める」を言い訛ったものである。この訛り方は長崎でよくみられる独特の強い訛である。となると、この会話書は長崎で生活を営む者の筆記に係る書類ということになる。さすれば、オランダ語の会話書であることからして、当然、阿蘭陀通詞の筆になるものと判断するのが順当であろう。？は「尋之言葉」といっている。疑問符号で本文各所にみえ、いずれも正しく使用されている。

本文の検討に移ろう。まず、文の書き出しを大文字にしていない点が眼に付く。これは、この時期の阿蘭陀通詞の作文によく見受けられる特徴の一つである。

（1）～（5）は会った時の挨拶言葉である。表記に誤りはない。オランダ語の発音の片仮名表記に注目したい。（1）（3）のように、Goedenを「グイ」と発音し、（2）のような「グウデン」と区別している点、mijn heer の二語を「メイン」「ヘヱル」というように、一語一語発音しないで「ミ子ール」と続けて発音している点など、これは朝夕オランダ人に接して言葉に習熟している阿蘭陀通詞の手になるものという以外には考えられない。明和年間であれば、江戸においても蘭学はまだ発達しておらず、ましてや京坂の地にそのような蘭学者をもとめることは不可能なことである。

ここで、更に想起させられることは、長崎に遊学、阿蘭陀通詞についてオランダ語を学習して江戸に帰り、間もなく、かの『ターヘル・アナトミア』会読の面々から需められて著作した前野良沢の『和蘭訳筌』における表記である。

「メイン　ヘヱル」ノ二言、急呼スルヲ以テ「メイウヱル」と転ズルナリ、然レドモ、コレヲ聞ニハ、「ミネヱル」と云フガ如シ、凡、カクノ如キ類、常語ニ甚多シ、竟ニ枚挙スベカラズ

とあるのは、まさに長崎の現地において、親しく阿蘭陀通詞たちの間に言い慣わされていた発音を耳にしてきた前野良沢の言である。（3）の「ナアホント」は殊に注目に値する。すなわち、前野良沢の『和蘭訳筌』においてさえも「アホンツ」とみえるのに、ここでは「ナアホント」といっている。これはGoedenの最後のnとavondのaとがリエゾンして「ナ」となり、さらに話し詞の調子として、音がのびて「ナア」となったものであって、その発音をこのように正しく表記して伝えたとなれば、商館長の江戸幕府一行に加わって東上止宿した江戸番通詞以外にその人を想定するわけにはいかない。

次の（6）〜（9）は時候の挨拶である。各条にみえる't も通詞以外の人には難解であったであろう。Het（それ・彼・彼女）の略語で、三人称単数代名詞（主格）である。『和蘭訳筌』では「ヱッテ」と発音している。本書の「ヘット」の方がよい。各条の拙訳を示しておく。

次の（10）〜（12）は参府の一行が到着した際に宿の主人が述べる挨拶であろう。表記・表現共に問題はない。これによって、海老屋が江戸の長崎屋と同じく二階建であることが判明する。

（13）〜（24）は客人が宿に到着、部屋に通してから普通に行われる茶菓の接待、もしくは食事時に出される酒のすすめ方、当然帰ってくる受け応えの会話例である。（13）（20）のzoopieはzoopje、（20）のrekkerはlekker、（21）のglasjeはglaasjeとなるべき表記の誤りである。（13）のdrinkはdrinkenと原型になるべきで、（22）のgedronkもdronkenとなるべきである。（15）は、日本文の意味ならばIk ben vandaag verbuijs om dat ik gisteren avond al te veel heb gedronken.となる方がよい。（17）も同様Gelieve niet zo vol te schenken.となる方がよく、語順がよくない。（19）のUはUWに、gezondeheidはgezondheidになるべきである。（24）はdank u zeer mijn heerとUを補うべきである。

（25）〜（28）は茶菓・酒食接待の間に交わされる外国人との会話のなかでよく出る問答である。（25）はHoe is dat in de Hollandsche taal?となるべきで、（27）のlessenaarの前にはeenと不定冠詞が入るべきである。現代語拙訳は、（29）〜（31）は贈答行為に付随してみられる会話である。（29）のpaalはpaarが正しく、tamendenはtam eendenとなるべきが、綴りを誤り、かつ二語が続いてしまったものである。（30）のdankはdankbaarが正しく、最後にheeftの一語を付けるべきを落としている。（31）dankenenはdankenが正しい。

（32）〜（39）は辞去に際して交わされる挨拶言葉である。（32）の末尾にはgaanを付けるべきである。（33）は語順がよくない。Blijft U nog wat.とでもなるべきである。（34）のwermは、読みにも「ウヱルム」といっているから、単なる間違いとも思えないが、意味からしてweerとなるべきで、綴りを間違ったので読みも間違うことなったものと見受けられる。(35) Gehoor zaamはGehoorzaamと一語になるべきである。(39) uw gezondheidはU een goede gezondheidとなった方がよい。

(40)～(42)は来客を迎え、安否を尋ねて交わされる会話である。(41)の最後はdat uw gezondheid wel vaartとでもなるべきで、(42)の最後にもhebtが付くべきである。beschaamはbeschaamd。

(43)～(54)は、海老屋の主人以下家族について尋ねられたことに関して答えた会話である。一種の自己紹介に関する会話例となっている。

(44) ofはenとなるべきである。(50) はIk denk dat U nog jong bent.とでもなるべきであろう。(51) は、naamは不要で、Hoeheet U?となるか、Hoe is Uw naam?とでもなるべきであろう。(53) benはbentと、dienstはvandienstとなるべきであろう。

(55)(56) は来訪外人によく聞く質問と答えである。(55) のdeは不必要で、(56) のeerstはvoor de eersteとなるべきである。

(57)～(61)は、オランダ人が何か買い物でもしようとした際に交わされた、所持金をめぐっての会話ででもあろうか。(57)は人称による動詞の型と語順を誤っている。Hoe veel geld hebt U?となった方がよい。

(62)～(68)は、舞子・芸者等の斡旋をめぐって交わされた会話例かと思われる。(62)のstaadはstaatとなるべきで、(62)(63)ともにmoojはmoojeとなるべきで、かつ(63)のmoojeの前にeenを落としている。(66)のschikはschikkenとなるべきである。(63)では説明を付けている。三人称の女性代名詞と男性代名詞の区別を云っているところである。(46)では「彼女Zij」となるべきところを「カレZij」としていた。ここでも「女をさして彼人《かのひと》又カレハ」などというと明記していて（46）と一貫している。「彼女」という言い方がみえず、HijもZijも、ともに訳としては「彼人又カレ」といっている。（68）の追加説明も会話の微妙なニュアンスをいっているところで、承諾の意をさしている。（64）は、この原文からすれば、あなたは誰か（家族）に愛されていますか、といったような意味になり、したがって、その返事である（65）も、はい私はとっても愛されています、といったような意味になる。しかし、日本訳の意に添えば、オランダ語としてはむしろ、（64）Vindt U dat een leuke dogter?（65）Ja, Ik vind haar leuk.とでもなるであろう。

（69）～（80）は、時間を尋ねたり、入室の際に承諾を得る挨拶や、物の値段、日本文字が読めるかどうか、品物を貰い受けることの可否、人の名を尋ねることなど、種々の場面、場面において、よく用いられそうな会話例である。（70）のGelieftはGelieveとなり、onderwijsはonderwijstとなる。datの位置はGelieveの次に入った方がよい。（71）はmagの次にikを落としている。komはkomenとなるべきである。（72）のdeは不必要である。（73）japansletterはJapanse letterと二語になり、語順としては、leesenが最後に置かれ、Ken U Japanse letter leesen?となった方がよい。（75）は、日本文の意味からすれば、オランダ語としては、通常、Kunt U mij dat geven?もしくはWilt U mij dat geven?あるいはMag U mij dat geven?とでもなった方がよい。（79）は、日本文の意からすれば、オランダ語はU moet er mee uijt scheiden.とでもなった方がよろしかろう。

まとめ

京都の阿蘭陀宿海老屋の主人の所持にかかるオランダ語会話書Verscheijde Spreek Wijzen.（色々な話し方）を紹介し、検討を加えてみた。その結果、得られた知見を整理のうえ列挙してみれば、およそ次の通りである。

一　表紙の記載ならびに、本文内容からして、本会話書は京都の阿蘭陀宿海老屋の主人の所持にかかるものである。

二　所持した海老屋の主人は、本文記載内容の検討から、第二代目文蔵と推定される公算が大きい。

三　会話例の発音・表記の検討ならびに凡例文にみえる強い長崎訛りのみえることから、本会話書は、鎖国下の当時、朝夕オランダ人に接していた職業人、すなわち阿蘭陀通詞の作成にかかるものであることが判明した。

四　全八〇例から成る本会話書の内容は、オランダ宿の主人が江戸参府途上宿泊したオランダ人一行を迎え、宿泊中から送り出すまでの間、当然交わされるであろう、至極通常の会話例が盛り込まれていることが判明した。

その分野は、

1　出会ったときの挨拶言葉（1）～（5）
2　客を迎えたときの挨拶（10）～（12）
3　茶菓・酒食接待の間に交わされる会話例（13）～（24）
5　茶菓・酒食接待の間、外国人との会話例（25）～（28）
6　贈答行為に関連した会話例（29）～（31）
7　辞去挨拶（32）～（39）
8　来客の安否を問う会話例（40）～（42）
9　海老屋の主人・家族の紹介をめぐる会話例（43）～（54）

10　来訪外人に対する質問と回答の例（55）～（56）
11　所持金・値段交渉をめぐる会話例（57）から（61）
12　芸妓等の斡旋をめぐる会話例（62）～（68）
13　種々の場面を想定した会話例（69）～（80）

の多岐にわたったものであった。

五　例文の記載内容から、第二代目村上文蔵が家業を引き継いで間もない若い頃、すなわち明和末年頃と推定したとして、その頃の、京都の阿蘭陀宿海老屋をめぐって判明する事も多い。主要な点を列挙すれば、

1　この頃、海老屋の主人村上文蔵は妻女のほかに娘二人をもっていた。

2　この頃の海老屋は二階屋であったことが判明する。

3　オランダ人一行を迎え、宿泊・滞在中の茶菓・酒食接待、歓談の様子、贈答・買い物斡旋など、阿蘭陀宿としての働き振りを察するに好材料を提供している。

4　芸妓の斡旋をしているような点は、いかにも京の阿蘭陀宿といった特色を示していると思われる。と同時に他の都市、宿駅における阿蘭陀宿においてもこれに準じた例のありそうなことを察せしめる。

六　本会話書を蘭学発達史、特には会話書の発達のうえで位置付ける必要もあると思われるが、この点は、さらに会話書の蒐集をまって他日を期し、本稿においては、阿蘭陀通詞が阿蘭陀宿の主人に対して加功した点決して少なからざるものがあったとだけ指摘して、深入りしないこととする。

附記　史料探訪に際し、神戸市立博物館学芸部の好意に預かったことを明記し、謝意を表する。また、長崎方面の方言については、入

江一郎氏、越中哲也氏、嘉村国男氏、中西啓氏から教示を得ることができた。オランダ語については、イサベル・田中・ファン・ダーレン氏から教示を得た。併せて深甚なる謝意を表したい。

5　大坂の長崎屋

大坂の阿蘭陀宿は、銅座の役人であり、本陣も務めたから、オランダ宿の主人としての顔とあわせて三ッの顔を持っていたことになる。その要目を掲げ、簡潔に説明を付けておく。

〈屋号〉　長崎屋。
〈在所〉　大坂、道修町（過書町）。
〈主人〉　長崎屋五郎兵衛といい、のち、為川辰吉、半十郎が継いだ。為川辰吉は大坂銅座の責任者であると同時に、大坂の本陣として参府のオランダ人一行の定宿に指定されていた大坂の阿蘭陀宿の主人であった。したがって、一人三役の、いわば三ッの顔をもつ人物であった。
〈進物〉　大坂では、東・西の町奉行に進物を呈上した。往路仮り納め、帰路に正式に呈上した。
〈見物〉　住吉大社と四天王寺を見物した。
〈観劇〉　中の芝居か角の芝居を観るのを例とした。カピタン一行の観劇に訪れた際の日本人観客は劇の演技を観るよりも、オランダ人一行を観るために混雑していた、という。
〈浮瀬茶屋〉　観劇のあと、これも習慣にしたがって、「浮む瀬」へ行って、酒宴を催した。浮む瀬の大盃は有名であった。

〈銅吹所見物と泉屋の饗応〉　銅吹所見物を恒例とし、そのあと、泉屋の饗応を受けた。

6　紅毛人の吹所見物と泉屋の饗応

単独で取り上げられることのなかった大坂の阿蘭陀宿を取り上げ、その要目を掲げて説明し、カピタンが恒例にしていた吹所見物とそれを迎えた大坂の長崎屋がどんな応接と、饗応をしたかなどを注目してみた。「紅毛人吹所見物入来扣」からオランダ人一行、検使・通詞・大坂長崎屋の主人名を一表にし、吹所見物をめぐって長崎屋の努めた用務、吹所・泉屋の饗応振りなどを点検してみたことがあったが、それらを、ここではまとめておくことにしたい。

7　大坂銅座為川・阿蘭陀宿長崎屋（図51）

大坂の阿蘭陀宿の追求の一環として、零細な内外の史料に、わずかに登場する役務や行動の片鱗、見え隠れする片影を追って、判明した諸点を、今後の調査・考察を深める手懸りに、あえて纏めてみれば、次のように列挙することができる。

1　大坂の阿蘭陀宿は、江戸参府のオランダカピタン一行が往路・復路ともに宿泊・滞在した拠点五都市、江戸・京・大坂・下関・小倉の阿蘭陀宿の一つであった。

図51　銅座跡（片桐一男撮影）

2　大坂の阿蘭陀宿は「長崎屋」といった。諸史料に、「長崎屋辰吉」「大坂本陣為川辰吉」「大坂銅座為川辰吉」として、頻りに登場する。大坂の本陣で阿蘭陀宿を勤める宿屋の顔と、長崎や江戸と密接な連絡をとって大坂銅座役を勤める顔と、両者の顔をもって働き、機能を果す同一人・為川氏の顔が浮かんでくる。従来、全く注目されていなかったことである。

3　大坂銅座については、すでに、先学によって、三度設置されていたことがわかっている。

第一次　元禄十四年―正徳二年（一七〇一―一七一二）
第二次　元文三年―延享三年（一七三八―一七四六）
第三次　明和三年―明治元年（一七六六―一八六八）

為川辰吉の登場する諸史料は、大坂過書町（大阪東区北浜）に設置されていた第三次大坂銅座の期間に属する。

4　住友史料館に収蔵されている泉屋関係の史料には、江戸参府の復路、カピタン一行が銅吹所を見学する記事が散見される。このことは、『オランダ商館長日記』など、オランダ側史料にも散見される。

5　泉屋史料に散見される記録としては、宝永六年（一七〇九）を初見とし、安政五年（一八五八）までのものが管見に入った。これは、第一次銅座設置期から第三次銅座設置期を通じて、オランダ商館が輸出用棹銅の製造工程に関心を示し、見物し続けていたことを示している。

6　オランダ人の吹所見物の記録として、やや纏まったものとしては、多少表記に異動がみられるものの、「紅毛人吹所見物入来扣」といった表題のもとに、年度ごとに綴ってある。それらは明和八年（一七七一）度分から、安政五年（一八五八）度分までにおよんでいるから、すべて、第三次銅座設置期間における吹所見物の実態を示している。

7　泉屋の記録によって、大坂の長崎屋・銅座為川氏の当主を歴代にわたって察することが可能となった。為川五郎兵衛、為川辰吉、為川半十郎、為川住之助、為川菊次郎の順であることが判明した。その、およその代替り時期も推察可能となった。

8　大坂の阿蘭陀宿の勤めた役務についてはカピタン一行に随行した江戸番通詞の記録と泉屋の記録によって、かなり組織的に把握することが可能となった。オランダ人の記録が、その場その場の実況を伝える生彩に富んだ記述であると同時に、印象記といった非組織的な記述にとどまっているのに比して、日本側の記録、ことに通詞など役人の記録は組織立っており、制度と事柄を構造的に理解するのに役立つ。

・両町奉行所への「御礼」の挨拶には、為川が付き添う。（これは、江戸・京の阿蘭陀宿の場合と同じであることがわかる。）

・往路滞在の際に「銅器物」の「誂」「注文」がオランダ人によってなされる。帰路滞在の際に、確認、書類を作成する。

・「調銅鋼等」の「掛改」「請取」の際に立ち合う。

・復路、住吉・天王寺・浮瀬・吹所・芝居などを、オランダ人が見物する際に付き添い、先導に当る。このうち、吹所見物入来の様子が、今回、具体的に判明、理解できたわけである。

9　泉屋の記録を中心に、内外の史料で補って、大坂の阿蘭陀宿に投宿、吹所見物を行った一行のうち、オランダ人、検使、通詞、長崎屋主人名を知ることができ、一覧表に仕立てることができた。なお、継続・連続的記録の出現を待って確認・完成を期さなければならない。

10　吹所見物をめぐる用務としては、

（1）町奉行所のうちでも、特に「御金方役所」との連絡事務がある。到着の通知、届、伺、など。

（2）吹所見物のため、銅座から吹所への道中歩行時の警備、そのための連絡事務。

（3）吹所見物に際し、泉屋への準備要請の通知など。

（4）吹所見物時、見物後、泉屋の座敷で催された饗応の際の座席の位置に関与。

（5）群衆見物人の警備に関与。

（6）泉屋用意の諸道具について、不足品の補充・取り揃えなど。

11　関連して、泉屋の饗応・準備振りも具体的に理解することができた。

（1）泉屋用意の諸道具類。輸入品の多く含まれていることが具体的に判明。

（2）諸入用合計が判明して規模を知ることができた。

（3）饗応の献立が判明。

（4）当日の役割が具体的に判明。

これらによって、泉屋の盛況振り、民間交流振りが具体的に理解できた。

12　贈答品をめぐる意義

・吹所見物入来に際し、カピタンらは泉屋に対し船載の土産品を持参、ときには実技を行ったり、世話する職人・家人に心付けを置くこともあった。

・泉屋はオランダ人一行に土産品を贈った。翌日、入来「御礼」の挨拶に当主が阿蘭陀宿まで出向くことも

西暦	年号	オランダ人	検使	阿蘭陀通詞 大通詞	阿蘭陀通詞 小通詞	大坂阿蘭陀宿
一七七一	明和八	(甲)Daniel Armenault (医)Ikarius Jacobus Kotwjk (書)Jan Schuts		名村初左衛門	今村金蔵	為川五郎兵衛
一七七四	安永三	(甲)アヽレムト　ウヱルレム　ヘイト　28 (役)ヘルマン　コウレル　31 (外)テルキヒンケミュルトル　21		楢林重右衛門	堀儀左衛門	為川五郎兵衛

多かった。そのような際には、またまた、贈り物の交換や茶菓による歓待が行われ、ときには、茶菓が酒肴にかわって、日蘭の交歓大いに盛り上ったようである。

・検使・通詞らに対しても、泉屋は餞別の品を送り続けている。殊に、通詞に対する気の遣いようが眼に付く。なんといっても、言葉が真っ先に問題となる交流の場面、場面の連続であったがためである。通詞の介在、活躍なくして、異文化交流・異文化理解は、広がりもしなかったし、深まりもしなかったからであると、如実に理解させられる。

・日蘭交歓時の贈答品は、貿易品とくらべて数量はとるに足りないものである。しかし、贈答の品々であるだけに品質は注目に値する。上級武家・役人・大商人・町人に与えた影響は多大なるものがある。近世文化の形成に深く影響を及ぼしていることは見逃せない。オランダ人が同様にして外国へ持ち帰った品々も注目に値する。優品を通じて、鎖国日本を海外に紹介する役割を果たしたからである。

一七七八	七	(甲)Arend Willem Feith (簿)Albertus François Domburg (外)Ertman Lodewijk Poehr	古川真八	堀儀左衛門	西敬右衛門	為川五郎兵衛
一七八〇	九	(甲)イサアカ　テツシンギ　35 Isaac Titsingh (役)アルヘルトス　フランソイス　ドンベルケ　26 Albertus François Domburg (外)ヱルンス　ベッキステイン　35 Ernst R. C. van Beckstein	柘植様給人 太田文右衛門	名村元次郎	楢林栄左衛門	為川五郎兵衛
一七八一	一〇	(甲)Arend Willem Feith (簿)Fredrik Willem Schindeler (外)Christiaan Hendrik Gustaaf Oberkampff	柘植様給人 田中彦右衛門	吉雄幸作	茂節右衛門	為川五郎兵衛
一七八二	天明二	(甲)就病気不参 Isaac Titsingh (筆)Johan Christian Sckartow (外)Hendrik Gustaaf Overkampff	給人 長谷川清治郎	堀儀左衛門	西敬右衛門	為川五郎兵衛
一七八四	四	(甲)Hendrik Casper Romberg (筆)Petrus Theodorus Casse (上外)Christiaan Hendrik Gustaaf Oberkampff		名村元次郎	堀門十郎	為川五郎兵衛
一七八五	五	(甲)Hendrik Casper Romberg （弁護士）Hendrik Jacob Duurkoop (筆)Hendrik Andries Ulps		吉雄幸作	本木栄之進	為川五郎兵衛
一七八七	七	(甲)ヘンデレキ　カスフル　ロンベルゲ Hendrik Casper Romberg (役)ヤンバビットデリカアルト　Ricard (上外)ヤン　アギユスト　ロット （Johan August）Loth		名村初左衛門	楢林重兵衛	為川辰吉

一七八八	八	(甲) Johan Frederik Baron van Rheede tot de Parkeler (筆) Coenraad Jonas (上外) J. A. Stutzer	岩本定右衛門	名村元次郎	本木源（マヽ）之進	為川辰吉
一七八九	寛政元	(甲) Hendrik Casper Romberg (筆) Jan Stave (上外) Johan August Loth		吉雄幸作	加福安次郎	為川
一七九〇	二	(甲) ヘンデレキ　カフスル　ロンベルゲ Hendrik Casper Romberg (簿) サミユル　ヘルナルト Samuel Bernard (上外) ヨワンネス　アデリヤアニユス　スケル Johannes Adrianus Schell	関源次兵衛	本木仁太夫	中山作三郎	為川
一七九四	六	(甲) ゲイスヘルト　ヘンミイ Mr. Gijsbert Hemmij (筆) レニホルト　ウエルレム　ラス Leopold Willem Ras (上外) ヘルンハルト　ケルレル Ambrosius Lodovicus Bernardus Keller	人見藤左衛門	加福安次郎	今村金兵衛	為川
一七九八	一〇	(甲) Mr. Gijsbert Hemmij（死亡） (筆) Leopold Willem Ras		中山作三郎	本木庄左衛門	
一八〇二	享和二	(甲) Willem Wardenaar (筆) Maartin Mak (上外) Hermanus Letzke		石橋助左衛門	横山勝之丞	為川辰吉

一八〇六	文化三	（甲）ヘンテキ　トウフ Hendrik Doeff （下外）ヨセネス　ヘルケ Jan Frederik Feilke （筆）ヒヤクルク　カウセマン Dirk Gozeman		名村多吉郎	今村才右衛門	
一八二二	文政五	（甲）ヤン　コック　フロンホフ Jan Cock Blomhoff （役）ヤン　フレイテレキ　ヒッスル F. van Overmeer Fisscher （外）ニンコラス　ヒュルリンキ N. Tullingh	角山文右衛門	末永甚左衛門	中山作三郎	
一八二六	九	（甲）ヨハン　ウイルヘルム　デ　ステルレル Johan Willem de Sturler （外）ヒリップス　フレイデレキ　シーフルト Dr. Philipp Franz von Siebold （筆）ヘンデレキ　ビルゲル Heinrich Bürger	水野平兵衛	末永甚左衛門	岩瀬弥十郎 同弥七郎 （見習） 名村八太郎	為川半十郎 同住之助
一八三〇	一三	（甲）ゲルマイン　ヘエリッキス　メイラント Germain Felix Meijlan （筆）カルレス　ヒエルヘルト　テ　ヒレネウヘ Carel Hubert de Villeneuve	藤本小兵衛	中山作三郎	楢林栄左衛門	
一八三四	天保五	（甲）ハン　シットルス Jan Willem Frederik van Citters （役）ロウィス　コロノフヒエス	嶋　安兵衛	中山作三郎	茂土伎次郎	
一八三八	九	（甲）ヨハンネス　ヱルウイン　ニイマン Johannes Erdewin Niemann 筆ケヱフリイス　デ　フリイス	片岡市助	岩瀬弥十郎	森山源左衛門	

一八四四	一五	(甲)ヒートル　アルヘルト　ビッキ Pieter Albert Bik (筆)テキストル Textor	与力　朝倉彦太夫 同心　水野庄太夫	中山作三郎	植村作七郎	為川住之助
一八五〇	嘉永三	(甲)ヨフセフ　ヘンリイ　レヒソン Joseph Henrij Levijsshon (医)チット　モンニセ O.G.J. Mohnike	福井金兵衛	小川慶右衛門	岩瀬弥七郎	
一八五八	安政五	(和蘭領事館) ドングル　キュルシュス Donker Curcius (筆)ボウスブルック	井上廣助	楢林量一郎	稲部種之助	銅座地役 為川住之助 同　菊次郎

た。

8　下関の伊藤家と佐甲家

下関では、大町年寄の伊藤家と佐甲家が交替で阿蘭陀宿を務めた。阿弥陀寺など諸社寺を参詣し、街を見物した。

珍しい一幅が下関市立長府博物館に所蔵されている。下関におけるカピタンの江戸参府旅行を語る絶好の資料といえる。この図の紹介を中心にカピタンの下関滞在・通詞を考察してみよう。

9　「オランダ商館長御用船下関入湊図」

タテ六五・五、ヨコ一〇七・〇センチメートルの大幅の画面下部にみえる欧文の表記を読んでみる。まずオランダ語で、

AFTEEKENING VAN DE BAAY GENAAMT SIMONOSEKIE LEGT IN HET JAPPANSCHE LANDSCHAP NAGATO.

と書かれており、同様と思える内容がフランス語で次のようにみえる。

Vue de la Baie de Simonoseki dans la province de Nagato dans lEmpire du Japon.

これを読んでみた拙意は、

日本帝国における日本国下関港の景色

となるから、さしづめ、

日本長門国下関港の景

とでもなろう。ちぢめて、江戸時代の版画・浮世絵風に、単に、

下関湊之景

でもよいかと思う。では、画面をみてみよう。

たしかに、ひろびろとした下関の湊が展開している。前景、手前の左寄りに朱塗りの柱の一部が老松の間にみえている社は亀山宮のようだ。すると、その右隣りに入り込んでいる湾は唐戸湾で、すでに大きな和船が二艘、小舟が数隻舫《もや》っている。続いてみえる、前景の真ん中にみえる立派な屋敷は佐甲家ということになる。屋敷の海に面した縁《へり》には大きな和船が四艘ほど舫っており、その船に寄り添うように小舟がついている。海に面して開け放なたれた門の間からむこうにも小舟がみえている。門を入った中庭には主人とおぼしき人物が下男一人を従えて佇んでいる。広大な敷地、いくつもの蔵、蔵の白い壁がきわだっている。蔵にかぶさるように枝を張る老松の葉の緑、主屋の周りには寒梅が今を盛りと咲き誇っている。いかにも立派な構えである。

こんな前景の展開であれば、左側の遠景に続くあたりは長府檀の浦かと思える。さすれば、前掲右手前は門司ということになろう。湊には、瀬戸内海を下ってきた大小の船、日本海側から門司に廻り込んで入ってきた北前船やそれを取り囲む小舟、帆を張って出て行く船、帆を張って入って来る船、まだ帆を下していない船、帆を下しかけている船、大船の間、櫓の軋みを響かせながら駆け抜けようとしている小舟が右に向き、左に向いて、沢

山忙しそうだ。漕ぎ手の脚や腕の張り具合いから、力強い掛け声まで聞えてくるようではないか。

安永五年（一七七六年）に旅したツュンベリーが、

下関は藩主が住むような所でなく、またこの国の大都市の一つと言えるような町でもないが、地理的に重要な地点になっている。そこには頻繁に船が出入りする非常に有名な港があり、しばしば二〇〇艘から三〇〇艘の大小の船が投錨している。通常、この国の西海岸から東海岸へ、またはその逆方向へ向かおうとする船はすべて、ここでなにがしかの商品をおろすために入港し、また逆風や暴風下に安全を求めて入港する。

と、記している。まさに、そんな湊が画面に展開している。

海陸交通の要衝・下関の殷賑を遺憾なく示すかのように犇めき合う和船の群れ。その間を分けて入ってきた、ひときわ大きな和船は、すでに帆をおろしてたたみ込み、どっかりと碇泊している。船尾にはためく大きな旗は三色旗ではないか。それも赤・白・青と横縞の三色旗であれば、いわずと知れたオランダ国旗である。中央に大きく、NVOCと四文字を組み合わせた紋がくっきりと見て取れる。

NVOCとは、Nederlandsche Vereenigde Oost-Indische Compagnieの略で、オランダ連合東インド会社を意味する。オランダ商館長が江戸参府で瀬戸内海を船旅する際に使用する指定の和船「日吉丸」であることが判明する。同じ旗印を付けた幔幕も張り廻らしてある。この船に使節である商館長、随員である商館付医師と書記官が、長崎奉行所からの検使や大小の阿蘭陀通詞と一緒に坐乗して船旅をする。寒梅の咲く頃の下関ということであれば、江戸参府の往路に入湊・碇泊の姿であることは間違いない。

この「日吉丸」について、ツュンベリーが詳細に記している。もちろん安永五年（一七七六年）の頃のことである。

三月一二日、長さ九〇フィートの大きな和船に乗船した。この船は我々を兵庫まで運ぶために、オランダ東インド会社が毎年、四八〇レイクスダールを支払って借りているのであり、約一三〇小海里の航海を、順風であれば時には八日間でなし遂げる。もう一艘の同じような船が、荷物の一部と我々の随員を運ぶために、我々の船に従った。

船室の割り当てがあった。検使は船の一方の端の部屋を、そしてオランダ人はもう一方の端のたいそう広い部分を占めた。そこは二部屋に仕切られて、ごく狭いほうが商館長用の寝室、やや大きいほうが私と書記官の部屋であった。またこの部屋は食堂としても使われた。それ以外の部屋を通詞と役人らが占めた。

さらに詳しい説明が続く。

このような船舶は、この国で製造される船のなかでも最大級で、幅およそ二五フィート、船尾は真っ直ぐに切れ、真ん中が大きな舵を取りはずしやすいように開いている。厳命によって、製造する船舶はすべてこのようにしなければならない。国民が船で大海へのりだして海外に逃亡することがないようにするためである。船舶は松材や杉材で造られることが多く、ヨーロッパ船に比べて堅固さははるかに劣る。船底の竜骨は船主と船尾にかけて上方に曲がっている。この種の船はマスト一本だけで航海し、海が凪ぐと速度をあげるために何対《つい》ものオールで漕ぐ。どこかの港に、長期間または短期間寄港するときは、マストをおろして船の横につけ、あらかじめ備えてある何本かの支柱の上に置く。非常に寒い時や雨降りの時は、船の全体に帆を広げてかけるので、乗員は雨風にさらされずに済む。船はもともと一層甲板船だが、甲板の大部分を占める船室の天井がちょうどもう一つの甲板のようになっている。その上を歩くこともまたその上にマストを倒すこともできる。このようにこの船の船室は、日本の競技用帆掛船のように十分に広くて余裕があり、大勢の乗客を収容できる。この船はまた、一軒の家に取り外し自由な仕切りをはめて別の部屋をつくるように、いくつかの小さな部屋に区切ることができる。すべての部屋に立派な壁紙が貼られ、床には茣蓙《ござ》が敷かれている。ことに風変わりなのは、船室の両側が一アールン［約六〇センチメートル］余も船体より外側に突き出ているることである。つまり船室の幅が船自体より広くなっていて、見栄えはしない。両側の部屋にはいくつかの窓がある。

「日吉丸」を描いた絵で、本図のように大きく描出した絵は他に眼にしたことがない。ツュンベリーの説明ほど、いきいきと、具体的に詳細な説明も他に知らない。

日吉丸を追うようにして入湊してきた四隻の和船もオランダ商館の三色旗を建てている。うち一隻は帆をなかばおろしかけている。いずれも、随行の日本人をはじめ、献上物や進物とともに長旅の道中に使用する生活用品や珍しい飲み物や食べ物を積んで従っている雇いの船である。

それにしても、毎年、こんなに何艘もの船を江戸参府旅行の船旅に使用したのであろうか。

われわれは旅館に一時間半ほど足を留め、日本食をとり、すっかり元気を回復して再び小倉を発った。われわれわれの先を歩いていた、前に述べた二人の重臣は、われわれを下関へ渡すことになっている二艘の小舟が待っている海岸まで送って来た。（中略）太陽が沈む半時間前に、われわれは二艘の小舟に乗込み、海上三里を下関に渡った。そこにはわれわれが乗る大きな船が五日前に到着していた。その船でさらに海上を大坂まで旅を続けるためである。

と述べているのはケンペルである。瀬戸内海の船旅をする大きな船と小舟が二艘、計三艘みえることがわかる。元禄期の様子である。

いまこの図にみえるオランダ商館旗を掲げた船は大船が一艘、小舟が四艘である。よほど運ばなければならない荷物や人数が多かったときのものであろうか。

図52　参府使用駕篭（"The court journey to the shōgun of Japan by Jan Cock Blomhoff" より）

一六七回の江戸参府旅行中、最大の人数と最多量の荷物を運んだであろう、と察せられるときといえば、なんといっても文政九年（一八二六年）のときである。商館長のスチュルレルがひときわ立派な使節であると見せるために、立派な銀製の食器やガラス器を沢山に、シーボルトが随員のビュルガーとともに、日本人の好む贈物を沢山積み込み、観測器、計量器、医療器具、何種類もの飲み物や食べ物、はてはグランド・ピアノまで持ち運んだのである。もちろん通詞の駕篭（図52）などもある。

船の多さからして、ことによったらシーボルトの参府の文政九年時の下関湊の一景ということであるかもしれない。もとより特定できる証拠を持たないが、シーボルトの参府時を察することは十分できようというものである。シーボルトは参府紀行のなかで次のようにいっている。

使節の下関滞在中、彼はふたりの大年寄のうちの一方の家に泊まるのであって、両家は交互にその栄誉をわけ合うのである。今度はわれわれは佐甲様（Sakosama）方に泊まった。同家の広々とした宿舎は、われわれが上陸した海岸通りのすぐ近くの、南部（Nabe）町にある。われわれはその家の主人や家族たちに心から迎えられ都合よく宿泊できた。

画面には佐甲家の広大な屋敷が描き出されている。主人が小ざっぱりした服装で下男を連れて庭に出ているのは、一行を迎えようと出てきたのではないか、とさえ思えてくる。

日吉丸のむこうには小倉藩小笠原家の紋所のみえる帆と幔幕を張った御座船がみえる。警固と監視の目的で出張してきたものであろうか。

極彩色に描きあげられた湊、遠景に連なる岬や山々、その先、はるかに水平線がよく晴れた空に続いている。この画家は水平線を円弧に描いている。地球が球体であることを認識している人であることを察せしめる。かつ水平線に円みをもたせることによって、湊から外海への広がりをより広い視界に懐を大きくさせ、見る者をして雄大な気分にさせてくれる。心憎い技を発揮している画家のようではないか。

10　伊藤家と佐甲家の阿蘭陀宿ぶり

オランダ商館長一行を泊めた大町年寄の伊藤家と佐甲家は、泊まったオランダ人が異口同音に「その主人は日本流の甚だ立派なる家に住す」と伝えている。

「彼らは浜辺にわれらを出迎えて、その家までわれらに随伴し、われらの滞留を慰めんとて歓待」したのであって、「数日」の「休息」が「例」であった。「逆風」のために「八日」も滞留が延びたこともあった。そんなときは「娯楽」または「寺社の見物」で日時を過ごした。シーボルトは次のような神社仏閣をあげている。

最も主要な神社仏閣は、旧市街の東端にある。一、阿弥陀寺、二、極楽寺、三、神宮寺で、境内に帝王神とその父仲哀・母神功を祭る八幡社、四、稲荷神社、五、教法寺、町の西端には大陸寺・西谷寺・光明寺があり、輝く光の寺ということで、普通三百目と呼んでいる。永福寺・東光寺および福善寺などがある。

文政五年（一八二二年）、商館長ヤン・コック・ブロムホフに随行して旅したフィッセルが下関を語り、ことに伊藤杢之丞について述べている。

　下関は商業地にして商船多く出入す。
　此町は海に臨み、殊に阿弥陀寺を以て知らる。

と。また続けて、

検使・通詞を始め、町長を兼ねたる旅館主等皆慇懃にして、総ての娯楽を我等と共にし、晩は多く我等を歓楽し、我等をして滞在中退屈することなからしめたり。

と述べたあと、伊藤圭之丞について、

此の旅館主はファン・デン・ベルグ（Van Den Berg）といえる和蘭雅名を有し、毫も蘭語を解せざれども、好んで和蘭風俗を知得し、種々の器物を買求めて之を一小室に蒐蔵す。其中には甚だ古く、伝来の時代不明なる物もありて、奇異に分類せられたる物もありたり。されど初日の昼、我等の食器戸棚が容易に到着せざりしかば、彼は此等の器物を出して充分我等の用を足せり。また晩には彼が頗る機嫌よき時は、和蘭衣服を着て現はれ、其の様子は彼の和蘭集品よりも更に奇怪なりき。

と、蘭癖ぶりの様子を伝えている。

シーボルトが泊まったのは佐甲家であったが、

われわれが到着すると、まもなくもうひとりの市長が使節のもとに来て挨拶した。

と伊藤圭之丞の来訪したことを書き留めている。

この人はオランダ人の熱烈な愛好者であって、彼はこういうものだとすぐに名刺を通じて名乗りでた。愛好者というのは、名刺にファン・デン・ベルヒと書いてあったからである。

オランダ雅名の記載してある名刺を使用していたという。そのオランダ雅名は商館長ヅーフのつけてくれたものであった。

シーボルトも阿弥陀寺を訪れ、伊藤杢之丞の招待を受けて夕食に訪れている。杢之丞ここぞとばかりにオランダ風で歓待につとめたようだ。シーボルトが詳しく伝えるところが興味深い。

オランダ人の熱烈な友人である第一の大年寄の宅でわれわれは夕食に招かれた。ファン・デン・ベルヒは、全くヨーロッパ風の家具を置いた部屋にわれわれを出迎えもてなしたのであるが、たんにオランダ流というだけではなくて、おそらくはわれわれを全く故郷にいるような気分にさせようとして、オランダの衣裳を着て出て来た。彼は金モールのついた赤いビロードの服と金糸で刺繍したチョッキを着、半ズボンと絹の靴下とスリッパをはき帽子をかぶり、そのうえ金メッキした大きな握りのついたステッキさえ手にしていた――これは出島におけるわが高官の身分を表わす笏《しゃく》［長い杖］である。この衣裳はともかく何から何まで歴史的興味のあるもので、彼の友人ヅーフの贈物であり、ヅーフはこの服を着て江戸城で将軍に謁見したものであった。この度の会合は狭い家族の範囲に限られていて、二、三人の通詞を除けば私の親しい門人の数人が出席を許された。

と、滑稽なまでの洋装で大歓迎の様子が眼に見えるようだ。座が盛り上がってファン・デン・ベルヒはオランダ流の喜劇で代父の役を上手に演じ、また時おり素朴な船頭の唄を唄ってきかせた。彼は今日本当に幸福に感じていた。

と余興まで披露している。

彼の美しい夫人のほか二、三の日本婦人が一座のお相手をつとめ、上品で立派な服装をした娘たちが外人の客をもてなした。あとで女たちが現われ琴を弾き舞いをまい手品を使ったりして、オランダ流の夜間劇は日本流の余興で幕を閉じた。

と、夫人や娘たちまで総出演で、オランダ劇の真似を演じ、日本流の余興をもって、もてなしたのである。これで終ることなく、杢之丞は蒐集の蛮品を披露すべく別室にシーボルトを招じ入れている。この間にいろいろな海外情報を耳にしたわけである。

すぐに私はこの主人の親しい友人となり、彼のオランダ好きの証人となり、骨董品陳列室を審査することになった。入口に戸がなくて這って通るための穴が通じていた小さい部屋には、ヨーロッパの品物がゴチャゴチャに積み重ねてあった。家具・衣類・茶器食器・懐中時計・置時計・書籍・絵画・文書・刀剣その他の武器などがあり、そのうえオランダ貿易最盛期の垂鬘《たれかずら》さえ掛けてあった。こうしてわれわれはこの夜を実に楽しく過ごした。

伊藤杢之丞のオランダ趣味に根ざした蒐集品の数々は、なかなか年季の入っている様子が見て取れる。

佐甲家の当主も負けず劣らずの蘭癖ぶりを発揮している。商館長スチュルレルからファン・ダーレン（Van

Daalen）というオランダ雅名をつけてもらっている。蚕品の蒐集にも力を入れていた。

長崎遊学で、学識ある通詞吉雄権之助らに学んで来た蘭方医の山口行斎は、ファン・デン・ベルヒとファン・ダーレン両氏の強い支持をえて、下関の町で非常に広い患者層を持っていたのである、とも伝えられている。現に伊藤家には行斎手沢の蘭書が伝存している。

その山口行斎はシーボルトのたっての希望というよりは秘密の指示をうけて阿弥陀寺の住職のところへ布施を持参し、その名声を慕ってこの海峡の名とした蘭印総督のファン・デル・カペレン男爵を記念して、蘭人が奉納画を掲げる許可さえも得てあげている。

その文書および奉納画は羊皮紙に書かれ、カペレン男爵の紋が付けられており、次のような銘のあるものであったと。

ここはファン・デル・カペレン海峡である。

この海峡は、われらにこの国を研究する崇高な委託を与えた者の名を冠むるべし

一八二六年二月二四日、阿弥陀寺にて

江戸参府の使節一行

これはファン・デン・ベルヒの仲介の労も大きく作用していた様子であった。

伊藤家に伝存する資料のうちには、シーボルトも書き留めている、中津侯に対してコック・ブロムホフの作詩に奥平昌高みずからオランダ語で加えた賛詩の一点や、ブロムホフ筆の農夫図扇面がある。フェイルケが得意の

墨絵で絹地に描きあげた富嶽図にはヅーフが親しく賛を加えている。

Bergen en Daalen Ontmoeten Elkander nooijt, maar Menschen wel, Ao 1814 in Simonoseki, Hendk Doeff

すなわち、

山々と谷々は互に決して出会うことなかれども、人はよく会えり、

一八一四年　下関にて

ヘンドリック・ヅーフ

ここにみえるベルグBergとダーレンDaalenは伊藤・佐甲二家の当主にもかけて読み込んでいると思える。

このようにみてくると、鎖国下の下関は、国内物資の通過・集散地であったばかりでなく、蘭癖の大町年寄・伊藤・佐甲の二家を中心にして、オランダ商館長の江戸参府一行を迎えて、まさに東西文化の結節点となっていたことを、まざまざと知らされる。ファン・デル・ベルヒにファン・ダーレン、この二人の大町年寄は、毎春、梅の香の薫る頃、待ちわびたカピタン一行を迎えて、その心は「入湊図」に描き出された円い地球を現わす弧状の水平線をはるかに超えて、その心をオランダの空へ馳せていたことと察せられる。してみれば、この下関、アジアといわず、海外世界の、人と物と情報の通過し、飛び交う結節点であった、と受けとめねばなるまい。

11　小倉の大坂屋

小倉の阿蘭陀宿大坂屋は小倉の船頭町一丁目にあって、長崎街道の起点に位置していた。「天明七年」の記事を持つ『小倉商家由緒書』に、「大坂屋由緒」を見ることができる。

祖は石原彦次郎祐重といい、豊前小倉城主毛利侯に仕えていたが、君侯が小倉退去により浪人となった。正保三年八十二歳で没した。その三男が大坂屋善助宗延である。父と同じく浪人であったが、その後、小倉室町三丁目に住居して町人となった。慶長年中、細川忠興が入国されたあと、宗延由緒を吟味され、東橋本の角屋敷三百五十坪を下し置かれ、酒造を業とした。

善助宗延の子が善助光重である。寛文二年（一六六二）五月十九日、長崎表御用達を命ぜられた。これにより、酒造の業を止め、このときから長崎奉行の本陣を勤めることとなった。居宅座敷は藩より建てて下され、年々の修覆もして下されるようになった。

善助光重は寛文中に死去、そのあとが善五郎重堅である。長崎奉行の本陣を勤め、十人扶持を下され、田川郡からの廻米の高瀬舟支配（図53）も仰せつけられたこともあった。

長崎御調物御用も勤め、長崎と往来していたが、子細のことがあって、母方の苗字宮崎に改めることになった。長崎御聞役も勤めた。

重堅の智養子が善作景道である。享保十三年に町惣年寄を仰せ付けられ、

図53　京の高瀬川に見える高瀬舟（片桐一男撮影）

十石三人扶持を賜った。
享保十六年（一七三一）子の大坂屋良助影親が父同様に惣年寄役を勤めた。
影親の弟庄助景次が継ぎ、次いで寛延三年（一七五〇）影親の子善助景近が継いだ。
景近の跡は大坂屋善助信貞が天明元年（一七八一）十二月に家名を相続した。
小倉の阿蘭陀宿は大坂屋善太郎であった。
『小倉市誌』（大正十年、小倉市役所）によれば、

大坂屋　宮崎良助《ママ》

といって、久留米侯の定宿で、長崎奉行もこの家に泊った、という。門構えを有する本陣で帯刀を許されていたという。

『小倉商家由緒書』は小倉における重だった商家の沿革を記したもので、「天明七年」の記事を有するところから天明頃の編纂なるものとみなされている。これを引いて市が紹介しているところによれば、大坂屋の祖は石原彦次郎祐重といって、小倉城主の毛利氏に仕えていた。後に浪人となり、その子善助宗延が室町三丁目に住んで町人となった。細川氏が入国したのち、東橋本角屋敷三百五十坪を拝領して居宅を構え、酒造を業とした。その子の善助光重が寛文十二年（一六七二）五月、長崎御用を仰せ付けられ、酒造業は止めたという。長崎奉行の宿は、それまで新屋五左衛門宅であったものが、このときより、大坂屋になった由である。善助の子善五郎重堅は、母方の姓宮崎に改めた。享保十三年に惣年寄となり、十石三人扶持を給せられ、苗字を許されたのである、とし

ている。小倉市誌が引く故老が伝えるところによると、大坂屋は船頭町にあって、公儀役人の大本陣であったという。本門本玄関より座敷に至るまでは藩が建築し、台所の建築だけを自弁したものであったという。大坂屋の祖は寛永年中に大坂より来たもので、大坂では銀座に関係した者であって、小倉に来て地所を与えられ、宿屋を営むようになったのであると。

第七章　幕末、異国人、日本を旅する

独立を回復したオランダが、新生国家として、かつての連合東インド会社の業務を引き継ぎ、送り込んできた日本の商館長・カピタンは重責を負っていた。貿易の維持・拡大をはかり、国家の外交方針を体して現地におもむく尖兵の役割も持っていた。

なにはともあれ、ここまでの記述によって一八五〇年、わが嘉永三年、レフィスゾーンの行った江戸参府の旅を、日・蘭双方の史料を盛り込んで、再現的に旅をしてみることができた。

「紙上再現、江戸参府旅行」ということになる。これによって判明したこと、察知できたことは次の諸項目にまとめることができる。

1　江戸参府の「仕来り」に従って旅をしている。江戸参府の基本が遵守されている。

2　シーボルト事件後、警備・警固が厳重となり、諸事不自由となった。

それにもかかわらず、年々回を重ねる度ごとに規制の弛みがみえる。この傾向は、古今東西の歴史の推移にみられる共通の傾向である。
3　当年の突発・特例事項。
4　ペリー来航直前の日本の雰囲気

以下、右の四項目に従って、およその要を箇条書にまとめてみる。

1　江戸参府の基本遵守

1　登城・謁見

カピタンの江戸参府が貿易の独占的継続に対する「御礼言上」にあったことが守られている。江戸城大広間で、商人としての「板席」における「拝礼」であった。

2　献上物・進物

将軍と世子に呈上する「献上物」と、幕府高官に差し上げる「進物」。輸入の反物類が主となっており、ときには酒類・薬種類など雑貨の加わることもあった。

3　蘭人御覧

謁見後、あらためて別室「御座之間」で、オランダ人の帽子やガウン、帯剣などの持ち物を回覧したり、いろいろな所作や、歌や踊りを所望されることもあった。将軍はじめ諸有司、大奥の婦人たちまで、この「蘭人御覧」を楽しんだ。

4　廻勤

無事謁見の儀式を終えることができたことを感謝して、お礼廻りをした。これを「廻勤」と呼んだ。この嘉永三年も、老中・若年寄・宗門奉行・寺社奉行・町奉行の役宅を廻勤している。各家では家老によって、抹茶と菓子で、応対された。廻勤の道中や各家の囲りでは、見物の群集で混雑し、役人が整理に出張せねばならなかった。

5　暇乞・「御条目」・「被下物」

許可の通知があって、再度、登城して「暇乞い」を行なう。将軍の出坐はなく、老中が列座して受ける。次いで、将軍家と世子から返礼として「被下物《くだされもの》」すなわち「時服」が与えられる。さらに、「御条目」が読み聞かされる。カピタンがこれを請け、式は終る。「御条目」の五カ条を通じて、幕府の「禁教」と「貿易」の対外方針が示されている。キリスト教を持ち込まず、要請された海外情報の提供を「風説書」として提出し通した。このようなオランダ側の実行から、この「御条目」はよく守られていたと言える。

先に進物の贈られた幕府高官たちからも返礼として「時服」が贈られた。

6　「東海道人馬并船川渡証文」

往路、京滞在の際、所司代から、これ以降江戸までの「東海道人馬并船川渡証文」を下付してもらう。江戸到着の際、在府の長崎奉行に預け置き、復路、江戸出立時にかえしてもらい、京に到着して、所司代へ返却する仕来りであった。一八五〇年も替りなく実行された。

7　大坂・ミアコで進物の仮り納め

京の所司代と東西の町奉行、大坂でも東西の町奉行に進物が贈られた。ただし、将軍より先に贈ることは許されず、往路、滞在時に、大坂でも、京でも、進物の反物を選び別け、仮り納めされた。復路、滞在時に、正式に贈られ、これに対し、それぞれから時服が返礼とされた。

8　出島の留守役との連絡便

往路でも、復路でも、小倉・下関・大坂・京から出島の留守役へ、指示や予定通知の手紙が発信された。江戸においても同様のことであった。出島の留守役から、参府道中のカピタンへの報告や通信の手紙は同じく小倉・下関・大坂・京・江戸の阿蘭陀宿で受け取られた。一八五〇年も数度にわたって行なわれ、レフィスゾーンは発信番号を付けていた。

9　参府道中

参府道中の経路は、変りなく

・短陸路 Kort land weg ＝九州路＝長崎街道

・水路 Water reis ＝瀬戸内海の船旅（下関から室もしくは兵庫の間）
・大陸路 Lang land weg ＝東海道

が使用された。室で上陸、陸路、大坂—京へ上った。淀川と高瀬川が利用された。復路は兵庫からの乗船であった。

10　阿蘭陀宿

道中の各宿駅では一泊で、本陣が使用された。大名や勅使の一行と会い、本陣に泊れなかったこともある。一八五〇年の場合は順調であった。

・江戸の長崎屋源右衛門（江原）
・京の海老屋（村上）
・大坂の長崎屋（為川、銅座役人で本陣）
・下関は大町年寄の伊藤家と佐甲家
・小倉は大坂屋（宮崎）

の五都市六軒の阿蘭陀宿には、往路・復路とも幾日か滞在した。

いずれの阿蘭陀宿も、一行五十九人全員を泊めるほどの規模を備えていない。分宿や外宿をさせ、その宿割に、どの主人も苦労している。

阿蘭陀宿の主人をはじめ家族たちは、下関の伊藤氏をはじめ、いずれもその蘭癖振りは、相当なものであった。

11 残品の販売

献上物・進物にもしものことがあってはいけない。それで余分に持参。無事であれば残品となる。復路、旅費の一部に充当の名目で販売を願う。許可となる。これが定例となる。オランダ側は予算書に計上。日本側も期待・制度化していたようだ。

販売先は、進物が贈られた幕府高官たちと阿蘭陀宿。元値の五割増で買い取られたようであるが、それが、元値の三倍にも転売されたとすれば、幕府高官も阿蘭陀宿も随分の定期収入になったわけである。オランダ商館にとっても、出島以外の地で商売したことになる。年間の貿易額に比すれば、その額がたとえ僅かでも、その意味は大きい。

12 帰路、京・大坂で見物・観劇

復路、京都滞在では東山辺の見物が恒例となっていた。知恩院、祇園、二軒茶屋、清水寺、方広寺大仏、三十三間堂が定例。特に二軒茶屋の桟敷にあがって豆腐切りを見物・酒肴を楽しむ。その姿、様子を京の庶民が黒山のように取り囲んで見たという。大坂滞在では、泉屋の吹所見物、泉屋の餐応を受けた。住吉、天王寺を見物、浮む瀬で酒宴、芝居を見物した。

13　買い物――土産品・収集品と定式出入商人

阿蘭陀宿に滞在した五都市におけるカピタン一行の買い物は注目に値する。生活上の日常必需品から、土産品として買い受けるまで、オランダ人が勝手に市中へ買い物に出歩くことは許されない。そこで、商人から阿蘭陀宿に売り込みに来てもらわなくてはいけない。入り込める範囲の制限と管理、警備上の点から、指定商人が決められていた。定式出入商人と呼ばれる商人のリストが、江戸と京の場合で判明している。おそらくは、大坂、下関、小倉においても存在した公算が大きい。これら商人の商売と行動には注目される点が多い。買い受けたオランダ人の場合においても、単に土産品とした場合も多いが、ケンペル、ツュンベリー、シーボルトはじめ、チチング、ヅーフ、フィツセル、ブロムホフなどなどのように目的をもった収集品として買い受けられたものも多い。シーボルトコレクションの里帰り展目録をみるだけでも納得されよう。いかほど、ヨーロッパ社会に日本のイメージを与える効果を発揮したか、量り知れないものがある。

2　シーボルト事件後、警備の強化

1　警備の強化

シーボルト事件後、阿蘭陀宿の警備が厳重となったことは、嘉永三年における江戸の長崎屋の警備振り、出入りする人と物とのチェック振りから十分に察することができる。具体例として、この年の場合をみたことにもなる。

「嘉永三戌年二月参府　阿蘭陀人逗留中詰切出役書留」という長崎屋の警備に当たった江戸の南町奉行遠山左

衛門尉景元の同心加藤太左衛門が筆録しているところによると、このような警備態勢が始まったのは「文政十三年寅年」からであるとしている文政十三年（一八三〇）の参府はシーボルト事件後、初の参府であって、カピタンはG・F・メイランであった。改定された厳しい規定を遵守して実際に参府をしたメイランの参府日記は、その後の参府使節となったカピタンにとって必携の手引書であったわけである。

だから一八五〇年のレフィスゾーンもメイランの参府日記を持って参府の途についたわけであった。この一事からも納得できるであろう。その日記を、こともあろうに、川崎宿で夜盗に奪われてしまうとは……。

2　買い物の手続き

定式出入商人から阿蘭陀宿に売り込みに来てもらった場合でも、それまでのように商人から部屋に来てもらい、直接、品物を見て買い受けるということができなくなった。書類作成、詰め切り役人によるチェック。許可されても、すべて長崎から随行してきたコンプラドール（諸色売込人）の手を経てオランダ人の部屋に持ち込まれ、購入の可否が問われる。返品の場合でも、厳重にチェックされて長崎屋の門を通過させるという厳しさであった。商人だけでなく、他の訪問者についても、然るべき筋からの許可書を持参しなければ門前払いであった。この嘉永三年の場合、随分、断られている。長崎から随行した一行中の人であってもみだりにオランダ人の部屋へ行ったり、面談は許されなかった。検使の許可を必要としたものであり、それが実行されていたのである。

3　舞子・女性の訪問禁止

京の阿蘭陀宿海老屋においては、復路滞在の際、以前はよく祇園の舞子等を呼び入れ、酒宴を催す、ということが多かったようである。それが、この一八五〇年の具体例をみると、禁じられていて、レフィスゾーンの残念そうな様子が伝えられている。

3　当年の突発・特別事項

なんといっても、往路、川崎宿でおきた盗難事件である。大切な書類を含む六品の入ったカピタンが所持するケースが盗まれた。上検使も勘定方も盗難に遭った。

江戸滞在中、町奉行所で関係者一同の取り調べが行なわれた。上検使は責任をとって辞任。したがって、往路と復路における総責任者である上検使が交替、別人となった。奉行所における吟味は厳しく、長引いた。カピタンから吟味終結の嘆願が出される一幕もあった。盗難品は無惨にも溝に打ち捨てられていた。後日、名うて夜盗もつかまった。

しかし、以後、道中の各宿で、警備は一層厳重なものとなった。各宿の町・村役人と随行の役人が不審番に当たるほどになった。その分、何かにつけて、カピタンたち一行は不自由な旅を強いられることになった。

4　ペリー来航直前の日本の雰囲気

1　参府旅行継続のつもり

江戸参府が定例化した一六三三年から、すでに二一七年たったこの一八五〇年（嘉永三年）の江戸参府旅行。カピタンのレフィスゾーンは毎日の日記に、日付、曜日、第何日目かを記し、移動した里数を記入。出立地と時刻、到着・宿泊地と時刻も欠かさず書き記し、昼食を摂った場所・茶店、通過した村や街、目星しい神社、仏閣、城や記念碑まで記している。次回以降に参府の旅をする初心者にとってどれほど役立つ案内情報であったことか、量り知れない。このような組織だった江戸参府記録は、これにまさるものはない。

道中の責任者である長崎奉行所派遣の上検使、往路の水野鉉大夫は、レフィスゾーンの記述によれば、とても好人物のようで、規定の範囲とはいえ、随分、親切に任務に当たっていたようである。関係の諸役人もそうであるが、江戸の阿蘭陀宿長崎屋の警備に当たった町奉行所の役人は警備上の手続き、準備、実際の経過、人の出入り、物の出入り、対応の実際などを部類分けして詳細に記している。ことに手続き書類の諸式や雛型まで書き留めているあたりは、今後の参考に資するためであった。

このようなことから、オランダ人においても、日本人においても、誰一人、この一八五〇年（嘉永三年）の参府の旅が最終になるとは、露ほども思っていなかったことが判明する。むしろ、一六六回の参府の記録のなかで、最も整って、最も豊富に彼我の記録が揃っていることからして、彼ら当事者において、今後ますます継続的に心得ておかなければならないことと認識されていた、と読み取れる。参府旅行は継続されるものとして、準備資料整備に努められていた、ということである。組織的記録の最たるものであるという所以である。

2　道中の賑わい

・参府道中でのこと。カピタンが九州は田代で昼食。食堂まで入り込んだ見物の住民、大騒動をやらかして、床の大部分が落ち込んでしまった。

・佐賀をはじめ、大きな街や村、どこでも、押しかけた見物人たちがカピタンの来る駕籠に取り付こうとして混雑・混乱の連続。それを引き離すように、鉄棒で武装した役人が汗だくで整理に当たらなければならなかった。

・瀬戸内海の船旅でも、村々と島のあちこちから、婦女子を乗せた見物船が現れて接近する。風が止み、抜錨すれば、まわりは見物船でいっぱいになる。なかには物を売り付けようとする者まであらわれる。

3　渡河を見世《シヨウ》物化

大井川や安倍川に橋はない。輦台を雇って川を渡らなければならない。渡るたびごとに、出立するその岸に、オランダの国旗と上検使の旗をたてる。向う岸の揚る地点にもたてられる。大きな号砲とともに渡河を開始する。賑やかな見世物として行なわれた。大河をはさんで両岸の川原に繰り広げられる一大絵巻だ。無事に渡した人夫たち、子供に与える指輪を所望する。カピタンが、快く、いくつもあげているところをみると、これもすっかり仕来りとなって、用意されていたことと見受けられる。近郷の住民たち、恒例となったエキゾチックな見世《シヨウ》物を待ちわびて、楽しんだことであろう。

4　都市での賑わい

・江戸は日本橋、本石町三丁目、阿蘭陀宿・長崎屋は、カピタン一行の滞在中、時をかまわず、婦女子をはじめ、大人から年寄までの見物人が、幾重にも取り囲み、向かいの塀によじ登る子供、奇声をあげる子供たちもいた。

今年のカピタンさんは、なかなか、「気勝」の人物。時折、二階の窓を明けて外を見る。ワッと喚声があがる。まれには巻タバコをポイと捨てる。ひときわ大きな騒動の波。そこで役人たち、窓に「簾」を掛けようか、警備人を増員すべきかと鳩首疑議の躰。シーボルトが随行のときはピアノまで運んでいた。長崎屋の窓からオランダ人の顔が見えただけではない。聞いたこともないピアノの音が長崎屋から江戸の街に流れ出ていたのである。

・将軍拝礼後の廻勤で幕閣の役宅廻りともなれば、道中の後からついて離れない。カピタンの入った役宅の庭越しに透かし見しようと押し寄せる。鉄棒を持った制し役人汗だくの躰。

・京の三役所への挨拶廻り、東山辺、各所見物の道中に見物人の列。二軒茶屋にカピタンが上ると、黒山のような人だかり。鉄棒を持って制し方役人大忙し。

・大坂の天王寺・住吉参詣の道中でも同様のこと。泉屋で、吹所見物後の座敷にカピタンが上って酒宴の一席ともなれば、住友の主人、遠近からの見物人のために桟敷を作るやら、炊き出しを振る舞うやら。

ペリー来航前夜の幕末日本、異国船の接近・頻発をよそに、庶民はまだまだ太平を謳歌して余念なかった。

第八章　そして、新たな問題

1　天文台詰通詞の長崎屋訪問

一八五〇年の江戸参府でカピタン一行が江戸の長崎屋に滞在した四月十日から五月三日までの二十四日間のうちの二十一日といえば、ほとんど毎日、天文台詰通詞助の吉雄作之丞と同小通詞並の立石得十郎とが長崎屋を訪問している。長崎屋に詰切警備に当たった南町奉行所の同心加藤太左衛門の日記から判明したことである。

天文台詰通詞は長崎の通詞団から若手の優秀な通詞を選んで、文化八年（一八一一）以来天文台の蛮書和解御用の局に勤めさせていたものである。三年交替が原則で、異国船の応接、外交文書や蘭書の翻訳に従事した。余暇に語学の教授に当たるなど江戸の蘭学界に及ぼした影響は大きい。

この一八五〇年の天文台詰吉雄作之丞・立石得十郎の両名のうち、吉雄作之丞は弘化四年（一八四七）からの勤務、立石得十郎はこの嘉永三年から勤務についたばかりであった。この立石得十郎はやがてこの年の十月から、老中阿部伊勢守正弘の命による特別の翻訳に従事することとなる。それは蘭書の翻訳で、内容が他に漏れてはならないとして、長崎奉行宅に日々出勤して翻訳に従事せよというものものしさであった。その問題の蘭書はカピタンが提出したものであったという。さすれば、レフィスゾーンから提出されたものである。となると、それをさかのぼって、参府滞在時にかくも連日長崎屋を訪問していた事実がなんとも気にかかる。蘭書名の追求とともに今後の課題としなければならない。

2 長崎掛御坊主組頭川嶋圓節の関与

江戸城の表坊主川嶋圓節がカピタンの滞留中、長崎屋を頻繁に訪れている。何をしに足を運んでいたのか。カピタンが長崎屋到着の翌日二月二十九日、表坊主の川嶋圓節と関圓宅が蘭人滞留中長崎屋を訪れる旨、在府の長崎奉行内藤安房守忠明の「達」が年番方から届けられた。

追っかけるごとく、圓節が来た。オランダ人へも「対話」して「夕」の「八時半」に帰って行った。

二日おいて、三月三日、川嶋圓節と関圓宅が同道して長崎屋へ再訪問。「蘭人江対談致ス」とある。同八日には、西丸御坊主の佐藤平務と佐藤圓平が来て検使の水野鉉大夫に面談したいらしかったが、許されず、これは帰された。同十日にも圓節は来た。

十二日、この日「夕八時頃」すなわち午後二時頃から、長崎屋におかれている人参座の事務所に並べられた本丸と西丸への献上物の「見分」が行なわれた。見分の立合は、両長崎奉行の給人二名と川嶋圓節の三人にカピタンも加わって行なわれた。次いで、同じメンバーで、十五日に予定されている登城・拝礼の「習礼」について話し合いがなされたようで、これには御普請役も立ち合った。特に「川嶋圓節対話」と特記されているところをみると、もっぱら圓節が説明をしたということであろう。翌十三日も圓節は長崎屋に来ている。

十五日、本丸で将軍に対し、西丸で世子に対し拝礼をすませ、同日と翌十六日の両日をかけて廻勤をすませることができたカピタンは、十八日には、十五日と同様、本丸と西丸へ暇乞いの挨拶におもむき、それぞれから時服も拝領して、一切の公的行事を終えることができた。そこで、翌十九日の夕刻より特に世話になった懇意の面々を招いて御礼の宴を催した。「シッポコ料理」の「馳走」であった。「シッポコ」は「卓袱」で長崎名物の「卓袱料理」をさす。招待された顔振れが注目される。

長崎から随行してきた通詞三人すなわち大通詞の小川慶右衛門、小通詞の岩瀬弥七郎、見習い小通詞並の小川慶十郎と御坊主組頭の川嶋圓節、天文台詰通詞の吉雄作之丞と立石得十郎、在府の長崎奉行手附で日々蘭人部屋の見廻り役を務めた白井達之丞、水野鉉大夫にかわって任命された検使の福井金平、そして長崎屋源右衛門の計九人であった。

内輪の心打ちとけた宴であったことと察せられる。このうちお城勤めの人といえば川嶋圓節一人で、すこぶる注目される。

実は、この川嶋圓節、すでに享和二年（一八〇二）の長崎奉行肥田豊後守と大通詞の石橋助左衛門の記録によれば、「長崎掛の御坊主組頭」で、「数年功者」の者であって、オランダカピタンの江戸参府、将軍への拝礼の儀式、その前後の誘導など一切を取り仕切っていた。それで、付き添いの江戸番通詞は、長崎奉行からの口添えだけでなく「進物等厚くいたし」「頼み置く」ことが「心得之事」であると特記されていた。

オランダのハーグにある国立中央文書館でカピタンブロムホフの文書をみていたら、オランダ語で、「江戸城の上級坊主カワシマエンセツとその息子リヨゥシン」としっかり書き留められていた。オランダ側までその名の聞えた、煩《うるさ》い存在の坊主であった。

それどころではない。文政十一年（一八二八）の新春、通詞の中山作三郎が川嶋圓節に送った手紙の控えには、オランダの珍しい輸入品、時計やガラス製品に混じって、「箱入新製鉄砲」の輸入・販売まで深くかかわっている。そのためであろうか「婦人」の提供まで受けていたが、今年は「取り止め」にしたい、などと連絡を取り合っている。そして「此一条は誠のヒンネカント事ニ御聞き置」き下さい、などといっている。「ヒンネカント」は、オランダ語で「Binnenkant 内聞」ということである。なにやら、とても秘密めいたことをオランダ語交じりで申し送っている。となると、表坊主の川嶋圓節、オランダ語交じりで通じたということになる。すると、長崎屋で「対談」というのも、通詞頼みだけであったとは限らなかったことにもなり、ますますもって秘密めいて、目を逸《そ》らせない。なにしろ「数年功者」の老練な「長崎掛の御坊主組頭」であったのだから。この同じ文政十一年の秋に、かのシーボルト事件が起きたのである。シーボルトは「私は城番の家来を買収して将軍の御殿のよい見取り図を手に入れることに成功した」と自慢している。その図がオランダで見付かっている。詳細な図で書写に手間隙のかかったであろうことは一目瞭然たるものである。してみると、江戸城内の陰の舞台で大活躍していた坊主あたりが「踏み込ん」で「賢察」をめぐらして、はじめて出来た成果であったか、と思われてならない。数いる坊主のうち、どの坊主か、ということになれば、迷うことなく、川嶋圓節が、かぎりなくターゲットとされ得る。

シーボルト事件から、二十年たった嘉永三年（一八五〇）のこの時点で、この長崎掛表坊主組頭の川嶋圓節、相変らずカピタンの江戸参府の儀式・準備に深くかかわり、「献上物」「進物」の「見分」にまでも、しっかり立ち合っている。それどころか、「習礼」の手順等の説明を、主体となって手ほどきしている。首尾よく終って、懇ろに感謝の宴をうけている。シーボルト事件後、諸事、厳しくなったとはいわれるものの、二十年も経《た》つと、はや、こんな状況に移っている。

3　矢上宿における荷物検査

復路、最終の宿泊地である矢上宿における荷物検査に注目してみなければならない。

レフィスゾーンは「日記」で、

われわれの荷物は、その荷物が出島に到着するのに問題が起らないために、なお矢上で検査されねばならない。

と述べている。その検査は、検使の面前で行われ、「検査」のあと、それぞれの荷物に「封印」がされた。いかにも厳重そうにみえる。しかし、実際は、

ただ一人の下検使によって、いわゆる探番なしで表面的に行なわれた。

というのである。

翌日、出島の門前における混雑をさけるという便宜として、前日の矢上宿で検査を受けるということであったのであろう。長崎奉行としても、出迎え人の多く集まって混雑する、たった一本の出島橋につづく門前で、場所と時間を要する荷物検査を行なうことはさけたかったのであろう。かくて、前日、矢上宿で荷物検査を済ませることが「例」となっていたもののようである。しかし、これはきわめて重要な意味をもつことといわなければならない。

出島に入る直前に行なわれるべき、厳重で繁瑣な荷物検査にかえて、矢上宿において、簡便・形式的検査で済ませてしまったことになる。「探番」なしの「表面的」検査であった。その結果、大小おびただしい数の荷物が、いとも簡単に出島の門を通過して、なかへ入っていってしまったのである。荷物のなかに、「制禁」の品々が入っていたとしても、これでは、まったくフリー・パスということになる。

このような簡便かつ形式的荷物検査はいつから習慣となっていたものであろうか。思いのほか古く、いや、むしろ、ほぼ当初からの検査方法であったのではないかと考えられる。というのは、はやくは、元禄のころに日本を旅したケンペルが収集した多くの品々のなかに禁制品が沢山含まれていて、どのようにして出島に持ち込むことができたものか、長年にわたって考えてきた。杉田玄白らの『解体新書』公刊の直後に来日して江戸へ旅したツュンベリーの収集品のなかにも禁制品がみられる。どのようにして出島に持ち込めたものか、知りたいと思ってきた。

最たるものはシーボルト・コレクションである。あのおびただしい数の収集品、そのなかには大きな動物や植物が沢山含まれている。地図や図面など、禁制の品々が沢山みられる。それらの難しい品々がどのようにして出島に持ち込まれたものか、長年、疑問に思ってきた。

ところが、レフィスゾーンが明言するような簡便・形式的検査が「例」として、長年、習慣となっていたと判明すれば、積年の疑問、ここに氷解といった感を深くする。

厳しい鎖国政策下ということであれば、いかに繁雑で、いかに時間のかかる仕事であっても、出島への搬入に際し、すべての荷物が厳重に検査されるべきであった。しかし、実態は、長年にわたって、フリー・パス同然であったとは。あらためて、世にいう〝鎖国政策〟なるものを、全面的に見直してみる必要があると痛感させられる。ヨーロッパの各地の博物館、文書館等に所蔵されている、かつては禁制とされていた日本資料の多さを思うとき、一層、その感を深くさせられる。

4　パイプと揮毫

将軍と世子に対する拝礼がすみ、高官役宅への廻勤が終って、阿蘭陀宿長崎屋に帰ると、カピタンのもとへ、すべての高官たちから使者をもって返礼の品物が届けられる。京においても、大坂においても同様のことであった。

使者をもてなして、帰りには、どの使者に対しても、

コンペイトウ一壺
ハウダ・パイプ二本
オランダ・タバコ一包

が贈られた。コンペイトウが省略されることもあったが、ハウダ・パイプとオランダ・タバコは欠かされたことはなかった。いま、パイプの本数のみを計算してみよう。

老中六人、若年寄六人、寺社奉行四人、町奉行二人、勘定奉行二人、宗門奉行二人、長崎奉行二人、計二十四人、

京都所司代一人、町奉行二人、大坂町奉行二人、計五人。

合計二十九人の使者に二本ずつ、計五十八本。

京の阿蘭陀宿、海老屋の「御用書留日記」をみていたら、所司代屋敷の門番八人に八本のハウダ・パイプを贈っている。奉行屋敷の門番にも贈られていた可能性が高い。江戸城の百人番所をはじめとして、各所に詰める役人、坊主衆も多かった。あの坊主頭には「オランダ・タバコ五、巻タバコ五、ハウダ・パイプ十本」が贈られた。阿蘭陀宿にも贈った。大坂の泉屋にも贈った。劇場や、必ず立ち寄る各宿や茶店にも贈った場合が多かろう。

仮に三都の高官だけに限ってみても三十五家である。二本ずつとして七十本である。一六六回を単純に合計したとすると、一一六二〇本の計算になる。京の所司代の門番への八本だけでも一六六回で一三二八本となる。

大名家、高級家臣の末裔、下級役人の子孫宅などから見付かって、博物館、美術館等が開催する、然るべき企画展、特別展に由緒あるハウダ・パイプが出陳されてよいのではあるまいか。この方面に学芸員の目が向いて欲しいと痛切に感じている。

番所役人カピタンから「空瓶四十二本」を贈ることが「古くからの習慣」である、などという記録にも目が止まる。オランダ渡りの古いボトル、もっともっと、蔵から出てきて欲しいものである。企画展の一角を飾って欲しいものである。ときには箱や箱書きがあるかもしれない。江戸の人びとは、オランダの空瓶をどのような使い

方をして珍重したものであろうか。

「将軍と世子を除いて、昨日と今日、いたるところで大きな扇に日本の墨でいくつかのオランダの言葉を書くことをたのまれた。」という記事も目を惹く。「坊主頭に二十三本の扇子に日本人のお気に入りの諺、松、梅、竹。鶴、亀、寿、善…」を書いてあげた、などという記事も目を惹く。坊主頭とは、あの川嶋圓節たちのことであろう。カピタンの揮毫した扇や扇面、色紙やオランダの洋紙、沢山伝世品のあることと思われるが、目にすることがない。学芸員諸氏の一層の御努力に期待を寄せたい。この他にも、品々あるが、ひとまず割愛にしたがう。

【附録】ケンペルの描いた「蘭人御覧」の部屋はどこか

1 「拝礼」と「蘭人御覧」

長崎出島のオランダ商館長＝カピタンが、日蘭貿易の独占的許可と継続を謝して行った江戸参府。江戸城の大広間で行った「拝礼（謁見）」の儀式は、無言で平伏の間に奏者番から「オーランダのカピターン」と呼び上げられる、ただ一言《ひとこと》で終るという、じつに呆気《あっけ》ないものであった。

長崎奉行と江戸番大通詞の介添えをうけて、カピタン一人が式場に臨んだもので、随員は別室に控えさせられていた。西の丸の世子に対する拝礼も似たようなものであった。だから、オランダ人たちは江戸城に入って、廊下やいくつかの部屋に入ってみたことになろうが、これでは謁見といっても、将軍や世子の顔をチラッともみることができなかったのではあるまいか。

それよりもむしろ、拝礼後、別室で改めて「蘭人御覧」と称して、帽子・衣服・帯剣などの持ち物が回覧されたり、あるいは歌謡を、あるいは舞踏をと、いろいろ注文され、将軍・諸有司・大奥の夫人にまで見物されたこともあった。そのとき、種々の質問がなされた様子は、ケンペルの元禄四・五年（一六九一・九二）の記録にも見え、享保九年（一七二四）の『和蘭問答』に一例をみることができる。

カピタンが大広間で行った拝礼の式のあと、別室で、カピタンと随員によって行われた第二の謁見、いわゆる「蘭人御覧」の様子は、ケンペルが元禄四年将軍綱吉の御前で謁見する様子をスケッチして著書『日本誌』に掲載していてよく知られている。他にこの種の見取り図がないこともあって、内外のいろいろな本や各種の展覧会図録などに引用され、紹介され続けている。

2　謁見図の部屋はどこか

極めて有名な一図に描かれているこの広間が江戸城のどの部屋であるか。よく知られているかというと、案に相違して、さっぱりわかっていないようである。図が引用・紹介されていても、説明が避けられていたり、解釈が区々に分かれて一定していない。

まず、区々振りを確認する必要がある。

最近の刊行物で次の五例を挙げてみる。

①『江戸城』展（二〇〇七年一月二日刊、江戸東京博物館）。画期的な特別展であった。その図録の一二七頁、193ケンペル「日本誌」を紹介、謁見図を掲出しているが、広間の名には触れていない。

②山本博文氏『将軍と大奥』（二〇〇七年、小学館）は、一〇九頁で該当の部屋を「中奥の「御座之間」だと推測される」としている。

平成二年（一九九〇）九月二五日が、ケンペル来日三〇〇周年に当たっていたことから、東京・大阪・横浜・長崎の四会場巡回で特別展が開催された。

③ドイツ・日本研究所『ドイツ人の見た元禄時代　ケンペル展』（一九九〇年一二月一八日、ドイツ・日本研究所刊）図録は、永積洋子氏の「一七世紀後半の日本とオランダ」を掲載している。そのなかで、「五代将軍綱吉の時代には、それに続いて大奥で参府したオランダ人全員を「御覧」になるようになった」とも、「ケンペルは表宮殿での拝謁は許されなかったが、大奥に同行し、その見聞を詳細に記している」と、繰り返しその部屋を「大奥」と明記している。

④日本アイビーエムの機関誌『無限大』No.八七（一九九一年四月二五日春号）は「ケンペルの見たトクガワ・ジャパン」を特集。ケンペルの手稿謁見図を掲げ、「（前略）商館長の謁見に引き続いて、江戸まで来たオランダ人全員が江戸城、御座の間でのもう一つの謁見に参加することができるようになった」とも、「（前略）オランダ人の謁見の時には御座の間のオランダ人が（後略）」と繰り返しその部屋を「御座の間」と明記している。

⑤『東洋文庫名品展』（二〇〇三年）では「E・ケンペル『日本誌』江戸城内大広間将軍謁見図」としている。

次に、ケンペル『日本誌』の翻訳書を見てみる。

⑥今井正氏訳『日本誌』下（一九七三年、霞ヶ関出版）三一〇頁では、同図の説明部分で「われわれが通された奥の間は（後略）」と、漠然と「奥の間」といっている。

⑦斎藤信訳『江戸参府旅行日記』（東洋文庫303、一九七七年、平凡社）の本文一九二頁で、「（前略）オランダ人たちを、最初の拝謁の後で再び御殿のずっと奥に招じ入れ（後略）」と、これまた漠然と「奥」といっている。一九五頁に掲げた同図には、「第12図　謁見の広間の内部」とネームを付け、単に「謁見の広間」としている。

⑧呉秀三訳註『ケンプェル江戸参府紀行』（一九二八年、一九六六年改訂復刻版、雄松堂書店）口絵に、「蘭使一行江戸城中にて将軍に拝謁の図」と題して同図を掲げ、「御三の間謁見室」とネームを付けている。

さらに古い翻訳書を挙げてみる。

⑨衛藤利夫訳『長崎より江戸まで』（一九一五年、国民書院）は、口絵として刊本からの銅版図を掲げ、「蘭人の手に成りし徳川大奥に於ける蘭人一行謁見の図及び共の解説」と題を付け、大奥としている。

次に、研究書を見てみる。

⑩板沢武雄『日蘭文化交渉史の研究』（一九八五年第四刷、吉川弘文館）は、八六頁で「（前略）拝礼が終って後、白

書院において改めて蘭人見物があり（後略）」と、「白書院」と明記している。

⑪斎藤阿具「蘭人の江戸参礼」（『史学雑誌』二一―九、一九一〇年）においては、「正式の謁見以外に将軍が別に蘭人を奥まりたる室に召して御台所等と共に蘭人の動作諸芸などを観覧せし事あり」とも、『通航一覧』を引いて「入御後重て白書院江出御」とも、また、享保二年（一七一七）のこととして「蘭人一同は導かれて御白書院に入りしに（後略）」とも、さらに『柳営日録』を引いて「御白書院」と明記している。

⑫拙著『江戸のオランダ人――カピタンの江戸参府――』（二〇〇〇年、中公新書）も、『通航一覧』『柳営日録』と、⑩・⑪の論考に引かれて「白書院」としておいた。以上、見てきたように、ケンペルが描いた謁見場面の部屋は、「大奥」「御座の間」「奥の間」「奥」「御三の間謁見室」「奥まりたる室」「大広間」「白書院」というふうに、いろいろに考えられている。

もっとも、このうち、「奥の間」「奥」「奥まりたる室」は同じ意味を言っているのであろう。すると、「大奥」「御座の間」「御三の間謁見室」「白書院」「大広間」のどちらか、ということになる。

江戸城で、最高の格式をもって公式行事の行われる大広間を出て、奥に進んで、将軍が、再度、謁見を行う部屋として使用するとなれば、「白書院」「黒書院」と「御座之間」の三部屋が想定される。

このうち、白書院と黒書院は、将軍が表向きに使用する応接室で、主として公的行事に使われるのが白書院、日常的行事に使われるのが黒書院であり、御座之間は、将軍の執務・生活空間である奥における応接間であった、といわれる（深井雅海『江戸城』二〇〇八年、中公新書）。

3　ケンペルの描いた「謁見図」

ケンペルが、元禄四年の春、第一回参府の際、江戸城内で将軍綱吉に謁見した時の様子を紙にペンと鉛筆書きで伝えるスケッチが、のちショイッツアーの英語版『日本誌』に掲載されている銅版画謁見図の基になっている。ケンペルはこの見取図の描き振りについて、次のように自信のほどを書き留めている。

私の（中略）見取図は、私が翌年［将軍に］一拝謁した後で、長崎奉行が見物のためにわれわれを案内して、少しばかりの御殿の中を回った時に、急いで描く機会に恵まれたものである。特に畳や襖や柱の数を数えておいたので、描くのは全く容易であった。

（斎藤信説『江戸参府旅行日記』一九一頁）

ケンペル自筆のスケッチは大英図書館に所蔵されており、『ケンペル展』図録に掲載されている。『江戸参府旅行日記』（東洋文庫）や特別展『江戸城』展図録などには英語版『日本誌』の銅版画が掲載されて、広く知られている（図54・55）。

aの部屋は側用人牧野備後守成貞の座所で、5が定位置であるが、オランダ人謁見のときは6の位置に移って将軍の御取合《おとりあい》（会話の仲介）をつとめた。

bの部屋は幕府の高官の座所で、7の位置に老中たちが、8の位置に若年寄たちが座っていた。

cの椽側《えんがわ》は諸役人列座の座所で、9の位置には若干の重臣たちが座し、10の位置には侍臣たちが座し、11の位置にはその他の高官が座し、12の位置には下級の幕臣たちが一列に並んで座っていた、と説明されている。

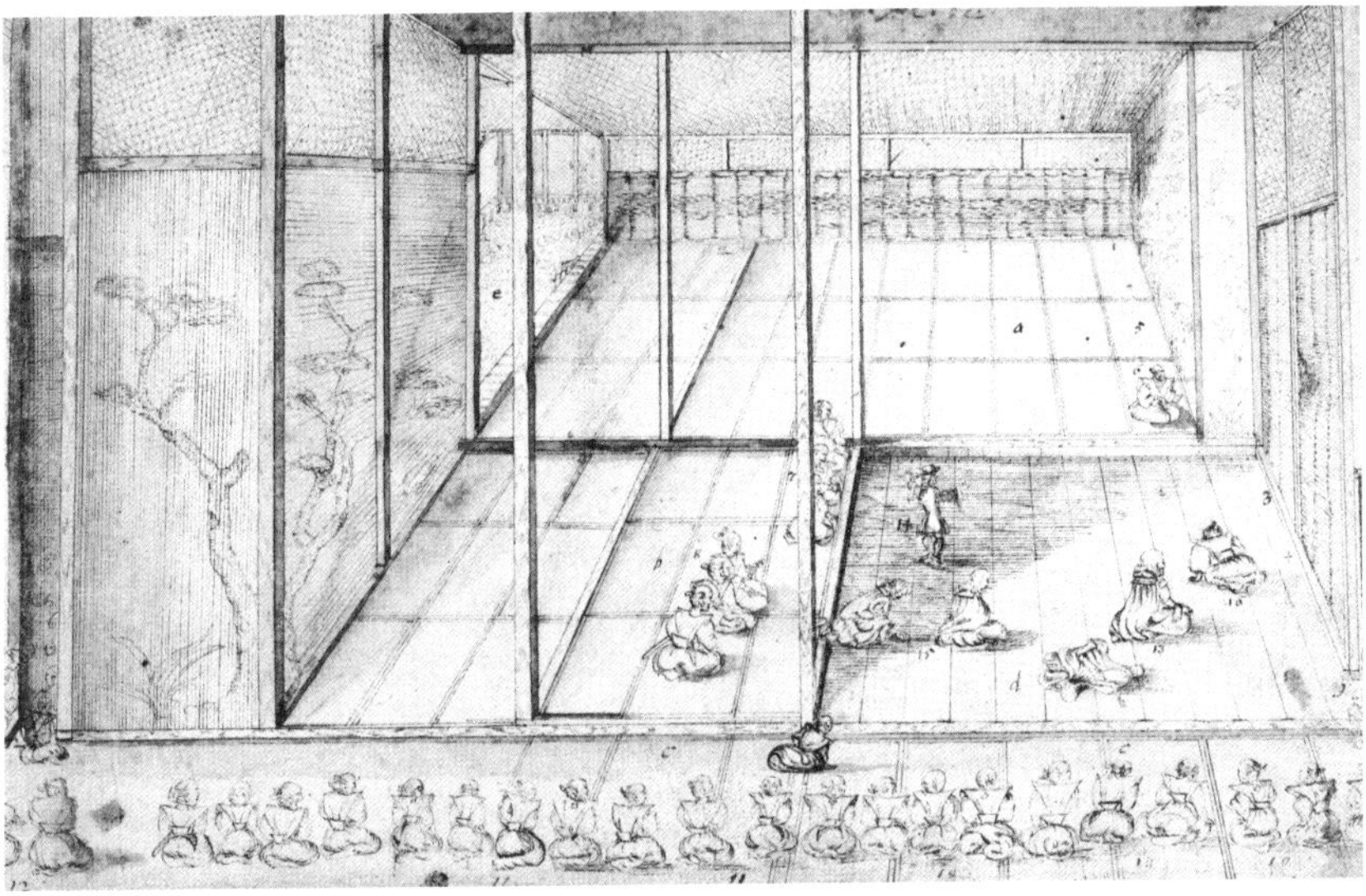

図54　謁見図　ケンペルスケッチ（『ケンペル展』図録所収）

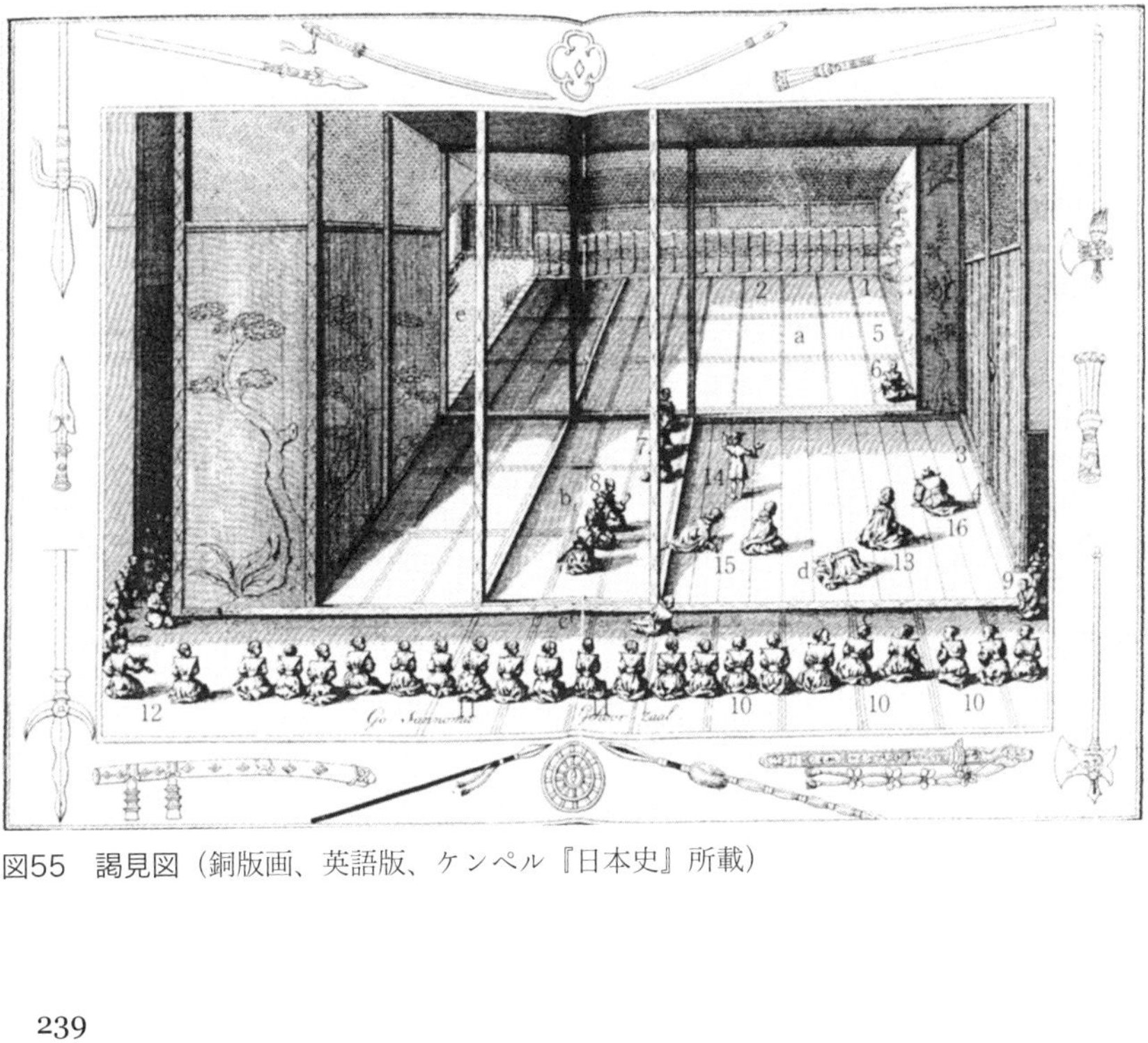

図55　謁見図（銅版画、英語版、ケンペル『日本史』所載）

dの部屋は、畳が取り払われて板の間になっていて、オランダ人たちの座所とされている。立っている人物14が、将軍の命令でヨーロッパの踊りやドイツ語のアリアを披露しているケンペル自身。13はカピタンのヘンドリック・ファン・バイテンヘム、15は随員のマシウス・アボウツとフランス・ダベルスの二人、16は江戸番大通詞の横山与三左衛門である。

eは小石の敷き詰められた中庭である。

1・2・3・4は、張られた御簾《みす》の位置を示している。御簾の後ろには、将軍の夫人や、そのために招かれている一族の姫や、そのほか大奥の女たちが隠れていた、という。ケンペルは、「将軍は女たちと一緒に簾《すだれ》の後ろに隠れていた」(『江戸参府日記』)と記しているが、おそらく、側用人牧野備後守が御取合をつとめるそばの御簾の後ろに座を占めていたのではあるまいかと思われる。

間取りの具合からして、将軍は、白書院でも黒書院でも御座の間でも、南向きに座を占め、面会者と会っている。どの部屋も南に面して中庭が見える。これらの条件からだけでは、どの部屋で謁見したか区別できない。

ケンペルが自信をもって数を数えておいたという畳数を見てみよう。白書院は、上段(二八畳)・下段(二四畳半)・連歌之間(二八畳)・帝鑑之間(三八畳半)の四室、畳敷の入側《いりがわ》(椽側《えんがわ》)で囲まれ、小溜(八畳)が付属して、併せて約三〇〇畳の広さがある。黒書院は白書院よりもやや小さく、上段(一八畳)・下段(一八畳)・囲炉裏之間(一五畳)・西湖之間(一五畳)の四室、畳敷の入側で囲まれ、溜之間(松溜二四畳)が付属して、併せて約一九〇畳の広さがある(深井雅海『江戸城』)。

ケンペルが描くオランダ人の座所に指定された板の間(d)となった部屋の広さは一八畳の広さである。この間取りの位置は、白書院なら帝鑑之間(三八畳)か、黒書院ならば西湖之間(一五畳)に当たる。帝鑑之間とは比較にならないほど少ない畳数である。したがってケンペルが白書院を描き出したものでないことは確実である。黒書院の西湖之間とは畳三畳分だけの違いで、接近した大きさではある。しかし、ケンペルの描く部屋の方が三畳分大きく、側用人と向い合って大通詞が座っている御簾の側の三畳分がちょうど大きいことになる。かつ、黒書院の間取りは図を見てわかる通り四部屋がすっきり、まっすぐ仕切られている。ケンペルが描き出しているような、四部屋に三畳分の凸凹がみられるような仕切りにはなっていない。したがって、ケンペルは黒書院を描き出しているのでもなさそうである。

そこで、黒書院よりも更に奥まった位置にある御座之間を見てみる。御座之間は、将軍が奥における応接間として使用した部屋で、時代によっていろいろ模様変えされたことがあったようで、一定していない。

『徳川礼典録』所収の附図「御本丸表中興絵図」（図56）にみえる御座之間を見てみる。御座之間は上段・下段・二之間・三之間・納戸構・大溜からなり、入側で囲まれている。この絵図に見える部屋の仕切りからすると、ケンペルの描いたオランダ人の座所は、三之間に相当する。大溜と三之間に接する二之間の角に牧野備後守成貞が座って将軍との御取合をつとめていたことがわかる。大溜に三之間が三畳分喰い込んだような形の仕切りになっている点も矛盾なく理解される。老中・若年寄たちは三之間に接する入側に座っていること、中庭の見える位置関係も矛盾しない。そして、なによりもケンペルの英語版刊本の銅版図には“Go Sannoma Gehoor Zaal”と明記されている。三之間すなわち「御三之間　Go Sannoma」を持つ「御座之間」をケンペルが描き出していたことが判明する。

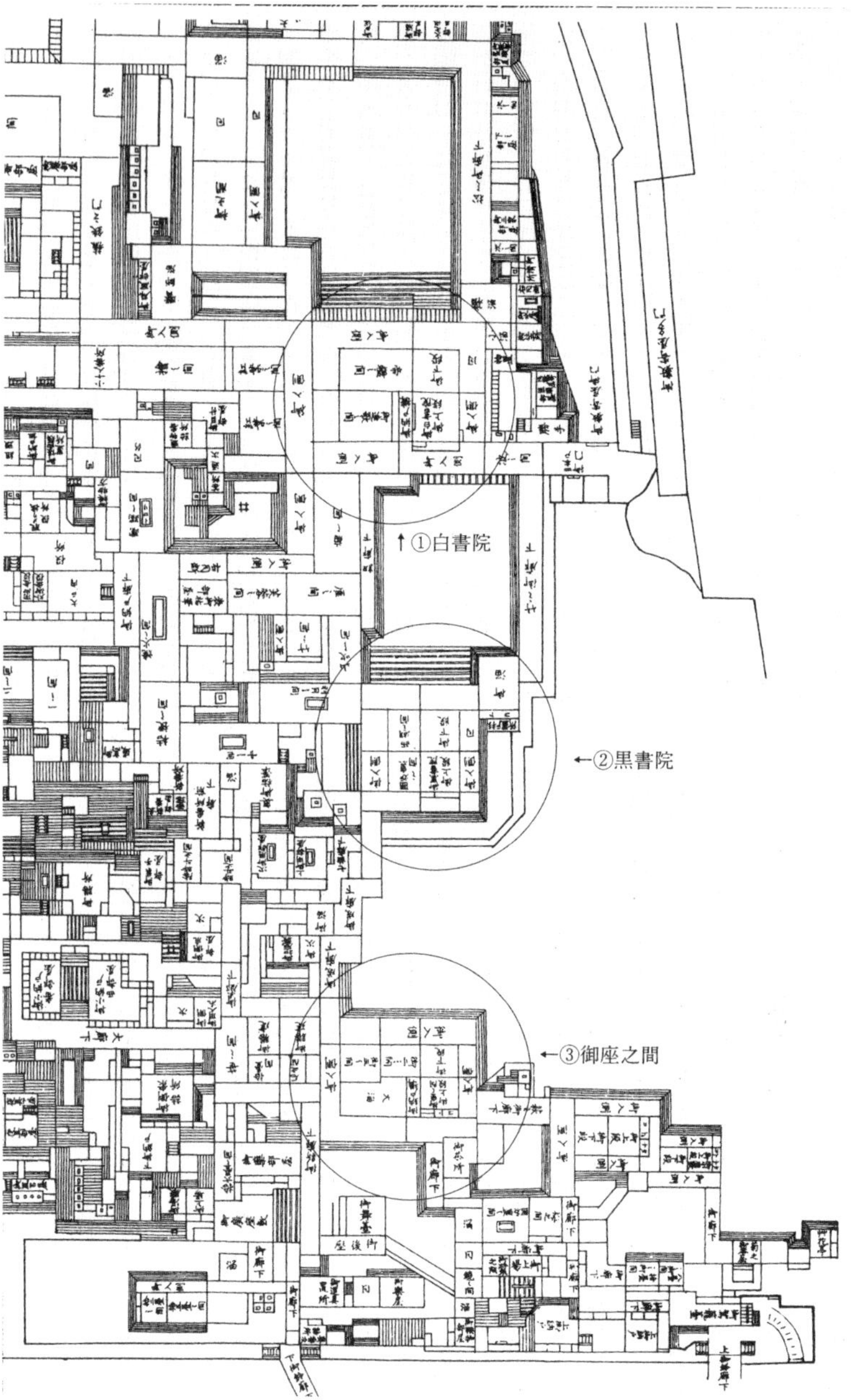

図56　江戸城本丸の図（『徳川礼典絵』付図）

4 ケンペルの観察の鋭さ

「御座之間」であるならば、ケンペルが「最初の拝謁の後で再び御殿のずっと奥に招じ入れ」られたと記す表現にも矛盾なく納得できる。オランダ人の座所に指定された、この「三之間」について、「(前略)薄く漆を塗った板張りになっていて、畳は「敷いていなかった。従って一番低く、われわれはそこに坐っているように命じられた」」とケンペルは記している。

オランダ人の「所からそんなに離れていない右側の御簾《みす》の後ろには、将軍が夫人と共に坐っていた」と記す御簾《みす》は、図54・55の3・4のところである。

ケンペルが「将軍の命令で少しばかり踊っていた間に、御簾《みす》が動いて小さなすき間から」「その夫人の顔を二、三回見た」と記している。その御台所は「ヨーロッパ人のような黒い瞳をした、若々しい褐色がかった円みのある美しい顔立ちであった」と観察し、「また頭部から判断して、大きな体格と察せられ、年齢はおよそ三六歳ほどと思った」とも記している。御台所は左大臣鷹司教平《たかつかさのりひら》の娘信子《のぶこ》で当時四〇歳であったといわれるから、ケンペルの観察は、なかなか的確であったといわなければならない。

御簾《みす》とその背後の見物人などについても、ケンペルの観察はなかなか鋭く興味深い。

・御簾について一言すると、それは垂れ下がっている目隠しで、籐の長い茎をきれいに割り、およそ一指尺の間隔をおいて絹の紐が通してあり、装飾のためというよりは、むしろカムフラージュのためにいろいろな模様が描かれている。特にそこに灯火がない時には、外からは御簾の後ろは何も見えない。それゆえ将軍がそこにおられることは、ただその言葉だけでわかったのである。そのうえ彼は、大へん小さい声で話すので、全く気づかれないくらいであった。

・御簾の合せ目やすき間には紙を挿し込んであり、楽々とのぞけるように、彼女たちは時々そこを開いた。私はこういう紙を三〇個以上も数えた。だから、それと同じくらいの人々のいることが想像される。

・御簾の手前の、一つの特別な部屋の中の一段高くなった席に備後が座っていたがそこはわれわれの前方で、将軍の声がよく聞える所であった（筆者補足＝牧野備後守が将軍と通詞とオランダ人との間に在って御取合をつとめるのに一番よい位置であったことがわかる）。

・左側の特別な部屋には、老中や若年寄が序列順に二列に並んで座っていた。

・われわれの後ろの、前に述べたような廊下には、側衆やその他の高官が席についていた。

・このあと、将軍の注文によってケンペルたちが行った所作や、下問とそれに対する答えなど詳細な記述が続くが、あまりに長文にわたるので割愛する。

「その会話のやりとりについて、ケンペルは、「通詞は顔を床につけたまま日本語で、将軍に聞えるようにこれ（筆者注＝カピタンの述べたこと）を繰返すと、それを聞いた将軍の返事と談話を、備後は将軍の口から、また通詞は備後の口から聞かねばならず、それから通詞がようやくわれわれオランダ人にそれを伝えた」と説明しているが、これは側用人牧野備後守が、将軍と通詞・オランダ人の間に在って「御取合」をつとめている様子の具体的で正確な説明である。そんな様子の理由を、ケンペルは「備後が仲介の労をとらずに、通詞が直接将軍からわれわれに伝えることは許されないからである。将軍の口から話される大へん親しみのある言葉が、すぐさま身分の低い人の口で繰返されるのは、恐らくはあまりにもおそれ多いと思っているから、こういうやり方が行われるのだ、と私は思う」と正確な解釈を記している（以上、『江戸参府旅行日記』）。側用人の「御取合」の様子、大通詞のつとめる「通弁」の様子が、目に見えるように伝わる貴重な証言である。

5 「御座之間」とわかってみれば

「第二の謁見、すなわち「蘭人御覧」の場所が「御座之間」であったと判明したことによって、いろいろ気付かされる点が多い。ここでは、以下の五点を指摘するにとどめておきたい。

①大広間における公式行事としての謁見の儀式を「拝礼」と称している。オランダのカピタン一行を奥における応接間である「御座之間」に招き、元禄四年の将軍綱吉は、第二の謁見というよりは、その見物の様子からして、まさに「蘭人御覧」の催しを行った。

②しかも、「御座之間」を構成する「三之間」の畳を取り払い、畳一枚分の段差のついた板の間に模様がえしてオランダ人の座所としている。これは何を意味するのであろうか。

そこで思い出されるのが、ケンペルが『日本誌』の序文に明記している次の一節である。

「日本では商人は最も蔑視される身分の低い階層であるが、われわれオランダ人は、その最も低い階層の商人に他ならないし、その上われわれは日本人の間では要注意人物と見做され、つねに囲われた一定の区域内に居住している外客なので、一挙手一投足に至るまで気を配り、日本人の矜持を傷つけないように、またその自負心を満足させるように諂《へつら》う必要がある。」

「ケンペルが、自分たちの置かれた立場、扱われ方を十分認識している。換言すれば、幕府が、本来、入れることのできない身分の商人（オランダ商館員）を城中の奥深い御殿に招き入れるに際して、便法として、段差を付けた板の間を一時的に設けて、座所に指定したということになる。なお、ケンペルが翌年参府した随行記に記しているところによると、当日雨天だったこともあって、「ぬれた靴下や靴をとりかえて御殿に入った」と記している。絵図のなかで演技を披露しているケンペル自身の足もとを見ると、確かに靴下と靴を履いていることが認められる。雨天であるなしにかかわらず、履き物を取り替えて御殿に上ったものか、とも思われる。

③先に、斎藤阿具氏が『通航一覧』『柳営日録』を引いて「白書院」で蘭人観覧と繰り返し明記している点が気にかかる。公式行事的要素の強い白書院が「蘭人御覧」の場として使用されたこともあったとすれば、実際に使用された様子を具体的に知りたいものである。

④御台所をはじめ、将軍一族の姫たち、大奥の女性たちが御簾の後ろから見物、入口の襖の前後には、大名の子供たちや坊主が重なり合って、じっと見つめて座っていた。となると「蘭人御覧」の場としては、より将軍の生活空間の要素の強い「御座之間」が使用されることが多かった、とみるのが自然ではあるまいか。少なくとも、元禄四・五年、ケンペル参府随行、謁見のときは「御座之間」が使用され、その「御三之間」が畳をあげてオランダ人の座所とされていたことだけは確かである。

⑤「御座之間」が「蘭人御覧」の会場であったと判明したことによって、ケンペルの詳細な説明記事は、将軍

の「御座之間」の詳細な解説としても役立つ。ケンペルは江戸城をよく観察し、記録しているのである。

このように、基本的事実が判明してみると、この事実を踏まえて、多角的に考察すべきことがいくつも浮かんでくる。一切、他日を期すことにしたい。

（『日本歴史』第七三一号（二〇〇九・四・一）より再録）

おわりに

「言葉の通じない国へ」。そう、カピタン・レフィスゾーンは「単身」日本へ。出島勤務五年におよんだ。

「着任した国」日本はキリスト教厳禁の国。狭い、小さな出島で「監視下に」おかれ、日本語を覚えることも禁じられ、「通訳は先方の指定」すなわち長崎奉行管轄下の阿蘭陀通詞に一切頼らなければならなかったシステム。

「独占的な業務（＝貿易）を維持するために」、情報収集のために、「珍しい品々（＝献上物と進物）を携え」、「屈辱的な挨拶（＝将軍・世子へ拝礼）の儀式」もこなした。

「そのための長途の旅は、諸事、前例・仕来たりをまもって、行なわなければならない」ことだった。

「そして、後任者に、落ち度なく伝達」するために、「本社（＝本国）に報告」するために、目配りのきいた「参府日記」を、責任者の目で、几帳面に書き留めつづけた。

「厳しい状況下の旅」健康状態もあまりよくなかった。怪我もした。船旅は少なからず応《こた》えた。「ただし、そこは、めったに行けない珍しい国」。唐・蘭船以外は寄せつけない国日本。「習慣のまったくちがう」「身形《みなり》がちがう」「食べものもちがう」「住まいもちがう」「文化がちがう」なかで、初めての、珍しい体験の連続であった。「珍しい土産《みやげ》」を各地で、思いのほか沢山「手に入れ」ることができた。

「重い義務と責任。否応《いやおう》無く体験させられ」た「異文化との接触・交流」。「公」と「私」との「絡み」と「区別」を、身をもって実感した任地の旅であった。なかでも「言葉のストレス」の強いことだった。「少しも愉快でない」と書き付けなければならない日もあったのである。せっかくの「日記」も、直後に起きたこの国の史的激変によって、「後任者」によって役立てられるということはほとんどなかった。

しかし、一四二年後のいま、片桐一男によって「史的資料として生かされる道の拓けたことを喜ぶ。」と、レフィスゾーンはいってくれるであろうか。

次の四〇〇年を考える資としたい。

本書の第一、二、四章は、カピタンの江戸参府の要を概観してみた。

第三、五章は、最後となってしまったカピタンの江戸参府の往路・復路と江戸・京・大坂・下関・小倉滞在を含め、全行程を、具体例として紹介した。禁教下の日本を旅したオランダ商館長（カピタン）一行の様子をみたことになる。

レフィスゾーンの記述は最も組織的で、総合的に参府旅行の様子を伝えている。

第六章では、そのオランダ人一行を泊めた阿蘭陀宿のことを著述してみた。五都市六軒の阿蘭陀宿の様子を具体的にみたことになる。

部分的には、すでに発表したこともあるが、全体を一本で扱ったのははじめてである。主として、日・蘭双方の史料で実態解明に努めたことになる。

附録では、区々としていた解釈を史料を吟味して訂した。

他の阿蘭陀宿にはみられない特殊で珍しい史料として京の海老屋に遺った「オランダ語会話書」と、大坂における蘭人の銅吹所見物と泉屋の饗応振りを詳細にみることができた。

・五都市六軒の阿蘭陀宿というが、なぜ、下関だけが二軒の大町年寄が交替でつとめたのか。

・一六六回におよぶ江戸参府旅行の、それぞれの実際は、思いのほか精粗区々としている。各年度の全体を知りたいものである。

・江戸参府旅行を通じて日・蘭交流の様子は、もっと多彩に展開していたと察せられる。

本書を手懸りに、さらに多角的に検討し、活用していただけたら幸いである。

史料と参考文献

1 参考史料

一八五〇年、嘉永三年、カピタン最後の江戸参府となった基本史料は次の通り。

1 「レフィスゾーン江戸参府日記」（Joseph Henry Levijssohn: Dagregister der het Nederlandsch Opperhofd J.H.Levijssohn in het Jaar 1850 gedane Hofreize naar Jëdo en Terug naar Désima）オランダ国立中央文書館（Algemeen Rijksarchief）

2 「蘭人参府御暇之節検使心得方」嘉永三年、長崎奉行内藤安房守忠明用人荒井太右衛門筆録。大英図書館、シーボルトコレクション蔵。

3 「参府之阿蘭陀人逗留中出役致候節書留　嘉永三戌年二月　加藤扣」江戸の南町奉行遠山左衛門尉景元の同心加藤太左衛門筆録。早稲田大学図書館所蔵。

4 「嘉永三戌年二月参府　阿蘭陀人逗留中詰切出役書留」江戸、南町奉行遠山左衛門尉景元の同心加藤太左衛門筆録。片桐一男所蔵。

5 「御用書留日記」（嘉永三年分）京の阿蘭陀宿海老屋の主人村上等一筆録。神戸市立博物館所蔵。

6 「蘭人参府中公用留」（天保九年、弘化元年）長崎屋奉行伊沢美作守正義組与力小笠原貢蔵筆録、横浜開港資料館所蔵。

7 「江戸番通詞江戸逗留中勤方書留」通詞本木氏の筆録、シーボルト記念館所蔵。

以上の史料1、2、3、4、5、および参考史料6、7、は「新異国叢書」第Ⅲ輯の第六巻『レフィスゾーン江戸参府日記』（雄松堂出版、二〇〇三年）に収録されている。

2 参考文献

ケンペル著・斎藤信訳『江戸参府旅行日記』（東洋文庫303）平凡社

C・P・ツェンベリー著・高橋文訳『江戸参府随行記』（東洋文庫583）平凡社

シーボルト著・斎藤信訳『江戸参府紀行』（東洋文庫87）平凡社
斎藤阿具訳註『ドゥーフ日本回想録』（異国叢書）雄松堂出版
フィッセル著・庄司三男・沼田次郎訳注『日本風俗備考1・2』（東洋文庫326・341）平凡社
日蘭交渉史研究会訳註『長崎オランダ商館日記』（一八〇〇―一三年）雄松堂出版
オランダ村博物館『オランダ東インド会社出島商館長ワーヘナール』長崎オランダ村
ドイツ・日本研究所『ドイツ人の見た元禄時代　ケンペル展』ドイツ・日本研究所
下関市立長府博物館『東アジアのなかの下関――近世下関の対外交渉――』下関市立長府博物館
住友商事株式会社広報室『住友の風土』住友商事株式会社
斎藤阿具「蘭人の江戸参礼」（『史学雑誌』第二一編第九・一〇号）
板沢武雄「日蘭文化交渉における人的要素」（『日蘭文化交渉史の研究』吉川弘文館）
岡村千曳「長崎屋と和蘭貢使」（『紅毛文化史話』創元社）
安藤菊二「夕陽の中の長崎屋」（京橋図書館『郷土室だより』第三四号、一九八二年）
安藤菊二「蘭書売捌所となった長崎屋」（『日本古書通信』第一六五号）
庄司三男「歴代オランダ商館長の住友銅吹所見学」（『住友史料叢書』月報6）
清水紘一「参府蘭館長に伝達された南蛮に関する上意について」（『中央史学』第二〇号）
今井典子「近世住友銅吹所見分・入来一覧」（『住友史料館報』第二八号）

3　片桐一男の江戸参府関係著書・論文

片桐一男『レフィスゾーン江戸参府日記』（「新異国叢書」第Ⅲ輯第六巻）雄松堂出版、二〇〇三年
『阿蘭陀通詞の研究』吉川弘文館、一九八五年
『江戸のオランダ人――カピタンの江戸参府――』（中公新書1525）中央公論新社、二〇〇〇年
『阿蘭陀宿海老屋の研究　Ⅰ研究篇・Ⅱ史料篇』思文閣出版、一九九八年
『京のオランダ人――阿蘭陀宿海老屋の実態――』（歴史文化ライブラリー）吉川弘文館、一九九八年
『阿蘭陀通詞今村源右衛門英生――外つ国の言葉をわがものとして――』（丸善ライブラリー145）丸善、一九九五年
『江戸の蘭方医学事始――阿蘭陀通詞吉雄幸左衛門耕牛――』（丸善ライブラリー311）丸善、二〇〇〇年

『阿蘭陀宿長崎屋の史料研究』雄松堂出版、二〇〇七年
「オランダ人が江戸参府でみた日本」(『歴史公論』第一〇〇号)
「『蘭人参府中公用留』について」(『日蘭学会会誌』第二〇巻第一号)
「解説・蘭人参府御暇之節検使心得方」(『日蘭学会会誌』第四巻第一号)
「蘭人による献上・進物残品の販売と阿蘭陀通詞」(『青山史学』第八号)
「オランダ商館長とシーボルトの江戸参府」(『鳴滝紀要』創刊号)
「長崎屋の類焼と転宅」(『洋学史研究』第八号)
「オランダ商館と紋章二種」(『日本歴史』第三〇三号)
「鷹見泉石の長崎屋訪問」(『歴史と人物』第二一号)
「鷹見泉石の蘭学攻究」(『大倉山論集』第一一号)
「鷹見泉石の洋学」(『泉石』第一号)
「カピタン宛て長崎屋の娘の手紙と阿蘭陀通詞」(『日本歴史』第四四七号)
「大坂の阿蘭陀宿長崎屋とカピタンの吹所見物」(『日蘭学会会誌』第二〇巻第二号)
「オランダ商館長の江戸参府と下関」(『東アジアのなかの下関』)
「京の高瀬舟、人は乗せたか」(『学鐙』第九五巻第一二号)
「江戸参府におけるカピタンの遣銀と阿蘭陀通詞」(『鳴滝紀要』第九号)
「江戸参府一行の人名・役職名・働き」(『洋学史研究』第一八号)
「『参府之阿蘭陀人逗留中出役致候節書留』について」(『日蘭学会会誌』第二五巻第一号)
「『阿蘭陀人逗留中詰切出役書留』について」(『日蘭学会会誌』第二六巻第二号)
「『江戸番通詞江戸逗留中勤方書留』について」(『鳴滝紀要』第一三号)
「一八五〇年、江戸参府カピタンの献上・販売・残品」(『洋学史研究』第二〇号、二〇〇三年)
「ケンペルの描いた「蘭人御覧」の部屋はどこか」(『日本歴史』第七三一号)

著者略歴

片 桐 一 男（かたぎり・かずお）

1934年（昭和9年）、新潟県に生まれる。1967年、法政大学大学院人文科学研究科日本史学専攻博士課程単位取得。文学博士。現在、青山学院大学文学部名誉教授。公益財団法人東洋文庫研究員。青山学院大学客員研究員。洋学史研究会会長。専攻は蘭学史・洋学史・日蘭文化交渉史。主な著書に『阿蘭陀通詞の研究』（吉川弘文館、角川源義賞）、『杉田玄白』（吉川弘文館人物叢書）、『蘭学家老　鷹見泉石の来翰を読む―蘭学篇―』（岩波ブックセンター、ゲスナー賞）、『知の開拓者　杉田玄白―『蘭学事始』とその時代―』（勉誠出版）、『伝播する蘭学―江戸・長崎から東北へ―』（勉誠出版）、『江戸時代の通訳官―阿蘭陀通詞の語学と実務―』（吉川弘文館）、『勝海舟の蘭学と海軍伝習』（勉誠出版）、『シーボルト事件で罰せられた三通詞』（勉誠出版）、『出島遊女と阿蘭陀通詞』（勉誠出版）、『鷹見泉石―開国を見通した蘭学家老―』（中央公論新社）などがある。

カピタン最後《さいご》の江戸参府《えどさんぷ》と阿蘭陀宿《おらんだやど》
――歩く、異文化交流の体現者

著者　片桐一男
発行者　池嶋洋次
発行所　勉誠出版㈱
〒101-0051 東京都千代田区神田神保町三―一〇―二
電話　〇三―五二一五―九〇二一㈹

二〇一九年七月三十一日　初版発行

印刷 製本　中央精版印刷

ISBN978-4-585-22244-6　C3021

長崎・東西文化交渉史の舞台《ステージ》
ポルトガル時代
オランダ時代

若木太一 編・本体四〇〇〇円（＋税）

長崎・東西文化交渉史の舞台《ステージ》
明・清時代の長崎
支配の構図と文化の諸相

若木太一 編・本体六〇〇〇円（＋税）

西の果て、長崎。江戸より遠く離れたこの辺境の地に、徳川幕府は東西交流の舞台を設けた。その舞台を流れる時間は、ポルトガル時代、オランダ時代そして明・清交代期というもう一つの歴史年表で描かれるべき時空であった――。江戸と中国、朝鮮と琉球をつなぐ円の中心に位置し、東シナ海における当時の国際交流の中心地であった長崎という「場」に着目、人・モノ・文化の結節点において紡がれた歴史・文化の諸相を描き出す。

長崎先民伝 注解
近世長崎の文苑と学芸

最重要資料『長崎先民伝』について、書き下し本文に注解、影印、校異を付し、作者をめぐる学問状況、人的ネットワークを伝える稀覯資料も全編影印掲載した決定版。

若木太一・高橋昌彦・川平敏文 編・本体一〇〇〇〇円（＋税）

日本近世都市の文書と記憶

情報の伝達・蓄積媒体である文書。その文書の保管と記憶の創生という観点より、近世都市の歴史叙述のありかたを考察する。

渡辺浩一 著・本体九〇〇〇円（＋税）

浸透する教養
江戸の出版文化という回路

従来、権威とされてきた「教養」は、近世に如何にして庶民層へと「浸透」していったのか。「図像化」「リストアップ」「解説」の三つの軸より、近世文学と文化の価値を捉え直す。

鈴木健一 編・本体七〇〇〇円（+税）

形成される教養
十七世紀日本の〈知〉

〈知〉が社会の紐帯となり、教養が形成されていく歴史的展開を、室町期からの連続性、学問の復権、メディアの展開、文芸性の胎動という多角的視点から捉える画期的論集。

鈴木健一 編・本体七〇〇〇円（+税）

輪切りの江戸文化史
この一年に何が起こったか？

江戸幕府の始まりから幕末明治まで、節目の年を選び出し、文学・風俗・美術・宗教・政治など、多様な切り口で解説。江戸時代を大掴みできる画期的入門書！

鈴木健一 編・本体三二〇〇円（+税）

江戸の異性装者たち
セクシュアルマイノリティの理解のために

男装を禁止されても止めず遠島に処された女、男同士の夫婦、陰間茶屋で男色に従事する美少年たち——。社会規範からの逸脱の実態を記録した事件史料を読み解く。

長島淳子 著・本体三二〇〇円（+税）

由緒・偽文書と地域社会
北河内を中心に

地域の優位性、淵源や来歴を語るために捏造された偽文書や由緒の生成・流布の過程を解明。地域史の再構築をはかり、歴史学と地域社会との対話を模索する。

馬部隆弘 著・本体一一〇〇〇円（＋税）

江戸庶民の読書と学び

当時の啓蒙書や教養書、版元・貸本屋の記録など、人びとの読書と学びの痕跡を残す諸資料の博捜により、近世における教養形成・書物流通の実情を描き出す。

長友千代治 著・本体四八〇〇円（＋税）

書籍文化史料論

チラシやハガキ、版権や価格、貸借に関する文書の断片など、人々の営為の痕跡から、日本の書籍文化の展開を鮮やかに浮かび上がらせた画期的史料論。

鈴木俊幸 著・本体一〇〇〇〇円（＋税）

江戸時代生活文化事典
重宝記が伝える江戸の智恵

学び・教養・文字・算数・農・工・商・礼法・服飾・俗信・年暦・医方・薬方・料理・食物等々、江戸時代に生きる人々の生活・思想を全面的に捉える決定版大事典。

長友千代治 編著・本体二八〇〇〇円（＋税）